ENHET

Madhukar

ENHET

Klarhet och Livsglädje
genom Advaita

Förlag: BoD – Books on Demand, Stockholm, Sverige
Tryck: BoD – Books on Demand, Norderstedt, Tyskland

Originalets titel: Einssein

Omslagsbild: Darshana Borges
Omslagsdesign: Inna Inne

ISBN 978-91-7969-590-3

INNEHÅLL

INTERVJUER

Tillkännagivande

Jag vill tacka alla som inspirerat mig och som bidragit till att sammanställa denna bok, speciellt med tanke på all den glädje vi upplevde under processen: Asisa, Bernd Köster, Bhadra Kalmbacher, Céline Pfeffer, Devasetu W. Umlauf, Gesa Friede, Mira Mühlenhof, Monika Reimann, Mukti, Rita Vetter, Rudra, Shivani Allgaier, Sukkhadas, Suri Reiners. Tack även till dem som hjälpt till att överföra de inspelade samtalen från Madhukars satsanger och retreater till textform.

www.madhukar.org

ENHETENS GLÄDJE

Tystnaden är ett språk i sig. Den är ett språk som går mycket djupt och är betydligt kraftfullare än ord. När ni träder in i tystnadens verklighet, när ni förstår det medvetet, uppnår ni det som är mest värdefullt i livet: Enhetens glädje. Detta hemliga språk kommer att utveckla sig i era liv och era liv kommer att förändras. Dagar och nätter av förpliktelser och rutiner kommer att ge plats åt något mystiskt – sanningens *Eros* – ett mysterium av närvaro, medvetande, klarhet och livsglädje.

Om denna klarhet och glädje inte finns i era liv idag är ni antingen slavar under ert förflutna eller offer för er framtid, offer för något som inte har skett än. Eftersom er sanna natur är frihet behöver ingen vara en slav eller ett offer.

Även kärleken är en aspekt av ert väsen och kan egentligen inte förklaras. Ändå försöker vårt förstånd att definiera den. Ur gränslöshet uppkommer begränsningar, ur frihet uppkommer fångenskap och ur lycka uppkommer lidande. Definitioner skapar problem. Definitioner begränsar det gränslösa.

Genom vår uppfostran, vårt sociala och kulturella arv och våra egna erfarenheter, har vi fått olika syn på vad kärlek är. När vi blir kära upplever vi hur enkel tillvaron förefaller. Men det är inte den sortens kärlek jag menar, hur attraktiv den än kan vara. Nej, den kärleken jag talar om är kärleken som är vår sanna natur. Och vår sanna natur visar sig när sinnet är frånvarande. Det är rent medvetande och det kommer utan ansträngning. Det är vår natur.

Existensen. I varats innersta källa. En enkel glädje här och nu. I hjärtats balsam.

Jag skrev tidigare ett brev till en gudinna, som är en mycket vacker kvinna: "Vår kärlek motsvarar ett underligt fenomen som inom kvantfysiken kallas för *överlagrade kvanttillstånd.*" Det finns en mystisk obestämdhet i kvantsystem som gör det möjligt för flera tillstånd att samexistera, som om en ren ton hördes i flera olika tonlägen samtidigt.

Denna kärlek är också formad av ett annat fenomen som motsvarar en egenskap inom metafysiken som kallas *Heisenbergs osäkerhetsprincip.* Eftersom tillståndet för mänsklig kärlek är omöjlig att fastställa eller beskriva kan det heller inte mätas. Ju exaktare man försöker bestämma ett tillstånd, till exempel hur stark en dragningskraft är, desto mer obestämt blir ett annat tillstånd, liksom graden av ens frihet.

Friden är här och nu. Friden finns i dalgångarna, i träden, i sjöarna, i molnen och i djurens innersta väsen, även om de slukar varandra.

Våra hjärtan är frid, trots att arvet från miljoner års mänskliga fel och brister ibland fyller dem. Era hjärtan är frid och om ni öppnar dem bara en liten aning för mig kommer jag att övertyga er om att ni är denna frid själva. Men om det är hammare och spik ni tagit med för att forcera en påhittad öppning med hjälp av argument och övertygelser för att slippa öppna er, då kan jag inte visa er, bevisa för er, att det är friheten som ni är. Er villighet är avgörande. Det lönar sig att vara villig.

Vad är belöningen jag erbjuder? Ert nya liv: klarhet, enkelhet, kärlek, frid och tillfredsställelse.

Varat. Den enda. Allseendet *är* i all evighet.

Även när jag hade min största arrogans visste jag att jag ville ha frid och frihet, och att jag ville vara lycklig. Alla vill vara lyckliga.

Efter att Ramana, min mästares *guru*, i sin ungdom suttit tyst under många år och vänt blicken inåt och förblivit i självets djupaste innersta, skrev han svaret på frågan "vad är sanning?" i sanden med en pinne. Svaret började med orden: "Eftersom alla önskar vara lyckliga ..."

Vem vill egentligen vara lycklig? Att låtsas vara lycklig gör ingen lycklig. Lura inte er själva. Ni kan stoltsera i pseudokunskaper eller i en ytlig nonchalans och kanske ni lyckas leva era liv på ett sätt som är okej för er. Ett liv där ni kan instruera, försöka övertyga, fuska och lura andra människor. Om det är det ni känner för är det ert beslut, fortsätt med det! Men när det är ert eget sanna själv det handlar om kan ni inte längre bedra er. Det mest betydelsefulla som finns står på spel: Ni!

Gud har gjort sin del i att skapa denna fantastiska dag. Hen har gett oss ljus och färger och naturen i all sin rikedom. Låt oss helt enkelt bara vara. När vi kommer till *satsang* bör vårt förflutna lämna oss helt och hållet, om det till en början så bara är för några timmar. Ge er själva den chansen! Fira friden, fira ert sanna själv!

Jag kommer att slåss som ett lejon för er. Jag kommer att hoppa och skutta som en gasell, och roa er som en hovnarr. Allt som kan vara till fördel för er kommer ni att få. Mitt hjärtas tystnad har redan berört er. I hjärtat är vi redan hemma i evigheten. I denna tystnad behövs inga handlingar.

Ni är beväpnade till tänderna. Ni är utrustade med sofistikerade vapen redo att gå till strid människa mot människa. Ni har en hel arsenal till ert förfogande och oändligt många knappar med vrede och ilska att trycka på. Ni är Högsta domstolen, åklagaren och försvararen i en och samma person. Ni är världens slugaste advokat beväpnad med lögner. Ni ger er själva lön för tjänsterna, och det har ni gjort i tusentals år.

Det spelar ingen roll för mig om ni gillar mig eller inte. Jag kommer aldrig sluta att älska er. Jag är också förvånad att jag inte befinner mig i Rio de Janeiro på Copacabana tillsammans med långbenta lekkamrater. Eller att jag inte sitter i det tyska parlamentet som min vän i Berlin. Eller representerar någon firmas finansiella intressen som en högt betald chef. Det beror på att det som sker sker. Vilket innebär att kärleken är av största vikt just nu. För när ni vaknar drar hela universum en lättnadens suck, efter tiotusentals år av förtryck och självförsakelse.

Låt mig göra ett experiment. Jag kommer att tala till er på ett sätt som man gör till någon med ett gott hjärta och en fri hjärna. Jag kommer att vara ärlig mot er och kommer inte att använda de gamla metoderna som används av de förlegade religiösa slavdrivarna. Det kommer snart att stå klart om ni har modet att acceptera mitt erbjudande.

Jag vill klargöra att jag har stor respekt för er. Något i ert förflutna, i er vardag och i er prioritering har fört oss samman – ert hjärta, mitt hjärta, självet. Ert sökande efter frihet kan för vissa av er ha inletts när ni kände en slags dragningskraft. Medan det för andra kan ha sett ut som själviskhet eller förtvivlan. Det spelar ingen roll. Det som står på spel här är helt enkelt uppvaknandet, friden och tystnaden.

Om ni behöver vila på grund av påfrestningar i era liv, vila! Om ni behöver frid välkomnar jag er att vara fridfulla! Om ni vill vakna, vakna!

Att rigoröst uppehålla sig i det eviga och absoluta, här och nu, uppenbarar självet – det gränslösa medvetandet.

Hej. Mitt namn är Anders och jag är från Göteborg. Jag träffade dig för ungefär sex år sedan. Det betyder mycket för mig att vara här med dig. Ända sedan jag var tjugo har jag känt mig starkt dragen till Ramana Maharshi. Det är som att komma hem och jag känner mig välsignad av dig. Jag är glad att jag är här. Jag älskar att vara här.

MADHUKAR: Du känner dig välsignad. Hur visar sig denna nåd?

Jag känner att mitt liv har förändrats på ett sätt jag inte skulle ha kunnat föreställa mig tidigare.

MADHUKAR: Hur har det förändrats?

Friden har blivit mycket viktigare. Den kommer och går. Även hinder dyker upp och när de kommer stör de friden.

MADHUKAR: När friheten uppenbaras blir hindren synbara. Det ser bara ut som att de dyker upp. Fångenskapen fanns redan där men uppmärksammades inte. Och förresten, allt du ser ser du genom en så kallad *självmodell* men modellen i sig är osynlig för dig. Den är inget annat än ett smidigt användargränssnitt. När friheten kommer in i ditt liv blir du medveten om fångenskapen som fanns där. Du kan uppleva friheten och samtidigt förbli helt och hållet oberörd av hur dina livsomständigheter ser ut.

Jag måste korrigera dig när du säger att friden kommer och går, att klarheten kommer och sedan försvinner. Detta är ett grundläggande missförstånd som leder till att friheten kommer att fortsätta komma och gå. Det måste bli kristallklart för dig att friden alltid finns här. Du vänder dig mot den, och du vänder dig bort från den igen. Så snart du inser att du inte är detta kropp-sinne-program behöver du inte göra någonting för att uppleva friden igen eftersom den redan finns här.

De som inte tror på mig – vilket är helt acceptabelt eftersom jag inte kan tvinga människor att tro på sanningen – måste på egen hand ställa sig frågorna: "Vad är verkligt? Vem är jag?". Och till sist kommer de att inse sanningen genom *atma-vichara*. Eller inte.

Kan du säga något om kapitulation som en väg att gå.

MADHUKAR: Jag talar inte om vägar. Jag följer så många vägar, både på gatan och i luften. Jag talar ogärna om vägar. Vägar leder genom tid och rum men självet har inga vägar. En väg är en fördröjning. Den är brist på kunskap och ett bedrägeri! Att tala om olika vägar beror på okunnighet eller till och med på feghet hos läraren som inte har förmågan att visa andra *vem som är.*

Jag gillar uttrycket "vägar är fördröjningar".

MADHUKAR: Använd den insikten!

Vad gav dig impulsen att sluta med ditt sökande och istället ta reda på vem du är?

MADHUKAR: Min totala önskan om frihet, insikten om att allt annat än kärlek är ett självbedrägeri, min mästares obeveklighet att visa sanningen och slutligen mitt avståndstagande att intressera mig i fenomen, till och med upplysning, som är den mest eftertraktade upplevelsen andliga personer strävar efter. Jag vände mig bort från allt det och riktade istället uppmärksamheten mot mig själv, mot den som *är.*

Även Jesus tyckte om sina sandaler. Jag tycks gilla att gå i Gucci loafers. Och era underkläder från Victoria's Secrets är också fina. Påståendet att Jesus aldrig skrattade är verkligen komiskt. Att glädjas med livet är inget som upphör när ni vaknar upp. Uppvaknandet är höjdpunkten, med eller utan prylar, men helt säkert utan tabun. Man kan fortfarande uppskatta en Porsche, en ny Ipad, Champions League, att åka skidor i Tyrolen eller VfB Stuttgart om de råkar vinna över Bayern München.

Jag är den jag är. De visas hemlighet är att de vet vilka de är. Därutöver njuter de av livets goda: allt som ges i form av förtrollande natur, vatten som rör vid huden, tempelblommors underbara dofter eller smaken från krispigt bröd. De älskar, skrattar och dansar.

Allt detta är universums symfoni. Stelhet och mjukhet, en flöjt – att ge, ge, ge – detta är livet!

Är det varats grund, essensen, som är mästaren?

MADHUKAR: Ja, om det hjälper dig.

Ibland säger du att mästaren är nära.

MADHUKAR: Ja mästaren är alltid här. För mig är det inte något jag bara har ett "hum" om, utan snarare något som är kristallklart. Klarheten är genomskinlig, och på grund av det förbiser sinnet det och föredrar istället att observera sig själv.

Mästaren observerar tankar, saker, livet. Hen står i mitten och gläder sig åt allt som kommer.

MADHUKAR: Att glädjas åt livet är naturligtvis ett tecken på mästerlighet. Har du någonsin mött en mästare som inte strålat av glädje och som inte varit fylld av humor och kärlek?

Nej.

MADHUKAR: När du närmar dig med hårdhet finns inte utrymme för mästerlighet. Allt du finner är anspänning och ansträngning.

Glädjen kan vara oerhört tyst.

MADHUKAR: O ja.

Är det så även för zenmästarna? Man har hört talas om mycket allvarliga och stränga zenmästare?

MADHUKAR: Vad är det du har hört?

Egentligen är ordet "allvarliga" inte helt korrekt. Det man hör om är deras stränghet.

MADHUKAR: Personligen känner jag bara till tre mästare: Chögyal Namkhai Norbu var min första mästare och han tillhör den tibetanbuddhistiska *dzogchen* inom tantrisk *vajrayana*. Han hade en härlig humor och tyckte mycket om att dricka vin med oss. Han lever fortfarande och hans sinne är kristallklart.

Sri H.W.L Poonja, min mästare, som också kallades *Lejonet från Lucknow*, utstrålade alltid en kraftfull klarhet. Det är tack vare honom som *advaita* blivit så känt i västvärlden. Han var full av värme och omtanke och hade en fantastisk humor. Samtidigt som han kunde agera på ett sätt som man minst anade. Ett sätt som för västerlänningar kunde ses som oacceptabelt eller oförskämt, till och med något som ansågs motbevisa hans mästerlighet. Han var även en fantastisk provokatör.

Hans *guru* hette Sri Ramana Maharshi – *Arunachalas helgon* – tystnaden förkroppsligad. Fastän han och jag inte levde samtidigt betyder inte det att jag inte har träffat honom. En gång för tre år sedan när jag gick uppför Arunachala i kvällssolen såg jag honom sitta och luta sig emot en vandringsstav på en halvhög klipphylla, med ena benet böjt, bara klädd i en *langot* – tystnaden utmejslad i guld. Vi såg på varandra. Hans blick speglade den renaste vänlighet. Det var helt överväldigande. I en ljuvlig tystnad fortsatte jag min vandring längs stigen upp till Skandashram. Det bästa är att denna tystnad fortfarande finns här när jag minns detta. Vilken oerhört mäktig närvaro.

Det sägs att Sri Ramana Maharshi aldrig talade utan bara satt tyst. Det är den klassiska idén om hur en upplyst ska bete sig. Det råder inga tvivel om att han är *satgurun*. Eftersom jag spenderar en viss tid varje år i Tiruvannamalai där han bodde har jag kunnat fråga de som levde tillsammans med honom om hur hans liv faktiskt såg ut. Samtliga målar upp en bättre bild om hur livet med Ramana var. Han var humoristisk, ibland gjorde han sig till och med lustig över sina besökare. Han var mycket säregen – och självfallet tyst, mycket tyst. En tystnad som fortfarande märks och som hjälper alla som reser till det heliga berget som Ramana älskade så innerligt, och där även hans *ashram* ligger. Man blir fortfarande påmind om Bhagavans starka livsenergi där.

Detta är inte på något sätt stränghet. Stränghet kommer från dogmatism. Ta puritanism som exempel, eller kalvinism som haft ett så starkt inflytande i Schweiz, Holland och Skandinavien. Också i USA ser man den här typen av dogmatism som kommer från två loja systrar – kuva och hyckla. Stränghet ägnar man sig oftast åt i disciplinära eller religiösa rörelser. Sanningen har inget med stränghet att

göra. Det är min åsikt. Kanske har du en annan. Jag säger inte att min åsikt är den enda giltiga.
Var och en av er *är*, så tveka inte att *vara*.
Ibland förefaller det som om människor lockas mer av fångenskap än av frihet. Och de verkar vara rädda för sin egen inre eld, rädda för livet självt. Vad man än har fått dig att tro är det inte sanningen. Den du är, är för evigt orörd och ren – som en låga.

På din hemsida står det att du tillhör en mästarlinje tillsammans med Sri Ramana Maharshi och Sri H.W.L. Poonja. Vad innebär det? Vad har de här mästarna förmedlat till dig?

MADHUKAR: Nåd.

Är det allt?

MADHUKAR: Finns det mer än det? För mig var det mer än nog. Det är underbart. Min oerhörda längtan för frihet och nåden från min mästare fick det att ske. Du kan också ta del av denna nåd om det hjälper dig.

Ibland säger vi att universum kommer och försvinner på bara ett ögonblick. *Heidaneinomoalab'rau!* Vad gäller den stora smällen, som förresten var helt ljudlös på grund av de nästan helt perfekta vakuumförhållandena i rymden, har astronomer kunnat göra förhållandevis noggranna mätningar. Det finns ett ökat stöd för teorin om att universum vid skapelsen, när det expanderade från ett mikrokosmos till ett makrokosmos, hade laddats upp av ett antigravitationsfält och växte oerhört på bara en triljondels sekund. Alltså ögonblickligen.

Hur känns Enheten? Jag har hört en del om Ramana Maharshi och advaita. Hur är tillståndet där du är ett med allt? Existerar du överhuvudtaget? Vem är då jag?

MADHUKAR: "Ani l'dodi v'dodi li". Salomos sång visar på en erotisk enhet i en dikt som återfinns i Gamla testamentet och som kan spåras tillbaka till de sumeriska fruktbarhetsgudarna Tammuz och Ishtar. Det står: "Jag är min älskades, och min älskade är min."

Sri Ramana Maharshi talade om *advaita*, absolut Enhet, och inte om tillstånd. Du måste ha läst böcker som haft felaktigheter, eller lyssnat till dem som bara förkunnat halvsanningar. Det vi talar om här är det sanna varat och det som är sant – det eviga som *alltid* är.

Det handlar inte om tillstånd. Det handlar om dig. För om det finns en evighet, om sanningen existerar, måste du själv vara den evigheten och sanningen. Och visst *är* du?

Ja.

MADHUKAR: Så det är dig vi talar om! Både jag och Ramana Maharshi riktar uppmärksamheten emot självet. Vi ger dig en hjärtlig inbjudan att sluta vara halvhjärtad, halvt existerande, varken levande eller död, lycklig eller olycklig; att varken vara fågel eller fisk som Jesus brukade säga.

Sätt av en tid, en bråkdels sekund, och ta reda på vem du är. Vi bjuder in dig att leva ett liv i frid; fridfull med dig själv och med allt. *Advaita* betyder bokstavligen: inte tvåfaldig, ingen dualism. Med andra ord – Enhet.

Exakt hur ska jag förstå denna Enhet?

MADHUKAR: Den ska inte alls förstås. Sinnet som förstår har inte tillgång till Enheten eftersom sinnets själva byggstenar kommer ur splittring och tvåfaldighet.

Vilken sorts känsla är Enheten?

MADHUKAR: "Det finns bara det enda varat", säger Parmenides från Elea i södra Italien, som var den forngrekiska fadern till de europeiska filosoferna.

Enhet har ingenting med känslor att göra. Känslor kommer och går i det som alltid är. Men för att inspirera dig kan jag säga att det är en alldeles otrolig känsla! En behaglig, en bra, en fridfull och äkta känsla. Det är som att vara mätt efter en god måltid. Fullständighet och tillfredsställelse är också bra beskrivningar på denna känsla.

[Ett barn frågar] Är du en människa som oss? Är du ett helgon? Kan du sia om framtiden?

MADHUKAR: Jag gillar uttrycket "sia om framtiden". Det är inte långsökt eftersom Sri Ramana även hette Maharshi som betyder "den som verkligen *ser*". Att kunna se vad som kommer att ske i framtiden är bra, men ännu bättre är att se vad som är nu! Varför behöva se in i framtiden? Det räcker med att du kan se nuet för då har du inget intresse för framtiden. Allt är nämligen nu.

Så du är också en som verkligen ser?

MADHUKAR: Du kan kalla mig vad du vill. Jag är exakt som du, det är ingen skillnad på oss.

Har du kommit på vad det är du ska göra?

MADHUKAR: Jag har förstått vem jag är. Och genom detta vet jag också vad som måste göras.

Så du är alltså klärvoajant?

MADHUKAR: Det kanske man skulle kunna säga. Men jag använder inte min förmåga till att förutse resultatet i exempelvis ett lotteri.

Jag tror jag förstår nu.

MADHUKAR: Ja det verkar som om du förstår. Alla har olika åsikter om vad ett helgon eller en helig person är. Ordet "helig" betyder att vara fullständig, hel, vilket betyder att alla aspekter som tillhör livet inkluderas. Ofta när människor kallar någon helig menar de särskilda egenskaper hos den personen som överensstämmer med deras egen syn på vad som är acceptabelt, medan de avvisar egenskaper som de anser mindre acceptabla. Sådana människor brukar visa sig vara hycklare. Av den anledningen är jag inte så förtjust i ordet "helig". Mitt verkliga namn är "varande" men min mästare kallade mig inte det utan gav mig istället namnet Madhukar. Det betyder: "Älskade, söt som honung."

Så jag är också helig då?

MADHUKAR: Det är min fulla övertygelse.

I *satsang* hänvisar vi gång på gång till självet, vårt naturliga varande – en ansträngningslös otvungen existens. I vår tradition kallas det *sahaja samadhi* som är en sanskritterm. Vi hänvisar till det eviga, det beständiga, det som är nu: Det. Det kan varken beskrivas eller förklaras och det kan heller inte upplevas. Och ändå *är* var och en av oss det. Det låter förmodligen absurt när jag säger att det inte kan upplevas och att jag ändå är det. Här finns en kropp, och en hjärna som är mer eller mindre aktiv, en kropp-sinne-organism med andra ord. Detta obeskrivbara som är vår livskraft har vetenskapen hittills inte kunnat förklara. Ofta säger man att vårt medvetande hänger ihop med en kropp och ett sinne, med känslor och med tankar. Men vi vet att kroppen inte är evig utan tillfällig. Den kom, den är, och den kommer att försvinna. Även tankar kommer och går. De är alltid knutna till känslor som frigör en rad biokemiska reaktioner i kroppen som är nödvändiga för livet. Även känslor kommer och går. De är inte eviga och är därför inte verkliga.

För inte så länge sedan när jag svimmade upplevde jag något som är ett bevis på just detta. Vi säger "jag svimmade", men det som *är* under just ett sådant ögonblick är precis det jag försöker visa på. Jag kan inte säga att det var en upplevelse eftersom det inte fanns någon som upplevde det. Nu kan jag tala om denna händelse som någon som upplevde den, eftersom upplevelsen av att svimma skenbart tillhör det förgångna. Men för mig är den nu, inte i det förgångna.

Det som *alltid* är, är det andra har kallat för himmelriket, lycksalighet, mirakel, ljus; det finns ingen upplevelse, ingen uppfattningsförmåga utan endast detta varande. Men det är inte så att vi behöver svimma för att förstå vilka vi är. Många har svimmat men kan inte använda sig av det för att få insikt. Så snart de vaknar identifierar de sig istället genast med sin kropp och sitt förstånd. Även i tillståndet mellan vakenheten och svimningsanfallet upplever troligtvis de flesta rädsla. Rädsla eftersom deras kroppsmedvetande börjar försvinna. Rädslan är det som sedan färgar deras upplevelse.

Det finns de som upplevt skendöd eller haft en nära-döden-upplevelse och som berättar om underbara upplevelser. Men även utan alla dessa upplevelser står det tveklöst klart för mig, nu och för alltid, vem jag är. *Atma-vichara* är avgörande för att komma till insikt. Det är enkelt att lära sig *atma-vichara*. Det är bara att ställa sig frågan: "Vem är jag?" Allt som krävs är att vakna upp från tankedrömmarna och fråga: "Vem är jag som förnimmer tankar? Inför vem visar sig tankarna som hela tiden kommer och går? Vem är jag som erfar känslor som uppstår och sedan bleknar bort?" Vi vänder oss alltså bort från personen som vi inbillar oss att vi är. Jag säger: "personen vi inbillar oss," men det är inte säkert att det är så lätt för dig just nu att förstå. Men trots allt är *atma-vichara* det bästa medlet för att frambringa den här förståelsen!

Den andra möjligheten är kapitulation. Kapitulation tycks vara svårare för västerlänningar. Min erfarenhet säger att kapitulation kommer att ske av sig själv genom sann *atma-vichara*. Och eftersom ditt mål är att vara lycklig rekommenderar jag att du övar dig i *atma-vichara*. Papaji talar om fågeln som flyger till friheten med hjälp av två vingar, som är *atma-vichara* och kapitulation. Vår logotyp visar också frihetens fågel.

I mitt liv har allt annat än kärlek och glädje visat sig vara skräp, nonsens, fantasier, ett slöseri med tid, självbedrägeri och till sist illusion. För dig kanske det är annorlunda och det respekterar jag.

Att längta efter lycka är direkt onödigt eftersom du redan är lycka. Du är redan Det. Och om du inser det är det klokast att inte säga det till någon. Annars kanske du måste ägna ditt liv åt att ständigt åka från ställe till ställe och tala om det. Såvida det inte är det du önskar.

Igår mötte jag en fantastisk grönpatinerad Buddha i en zenträdgård i Kyoto i Japan. När man ser en sådan staty i naturlig storlek får man genast en önskan om att få sitta vid dess fötter; friden skulpterad i brons av en gudabenådad konstnär; en stilla strålande medvetenhet; eldröd som en lönn.

Min mästares sista ord var: "Buddhan finns inombords!" Just nu sitter jag framför sjuttiofem Buddhor på en retreat i Chiemsee. Men var och en kämpar med all sin styrka för att motverka den inre skulptörens allsmäktighet.

Finns det någon annan än jag som kan förnimma självet, eller är det jag?

MADHUKAR: Tala om för mig om det finns någon annan som ser?

Ja ibland. Men oftast tycks det som om medvetandet bara är.

MADHUKAR: Och nu?

Nu finns bara medvetandet.

MADHUKAR: Nu är medvetandet här och ibland finns det en medvetenhet om förnimmelser. Förnimmelser kommer och går. Medvetandet är alltid. Vi vet att allt det vi uppfattar inte alltid är sant. Vi säger att man ska förvissa sig om saker, vilket innebär att fastställa om något är ovisst eller sant. Förmodligen gör vi det av osäkerhet eller rädsla för att det vi uppfattar kanske inte är sant. De senaste vetenskapliga upptäckterna visar på att vår uppfattningsförmåga inte säger oss hur det verkligen ligger till, varken det vi tänker, ser eller känner. Alla objekt som hör till vår uppfattningsförmåga är ungefär som vågor på vattnet. Stora, små, imponerande, obetydliga, läskiga, härliga, vackra, spännande – havet självt är helt och hållet oberört av dem. Det kanske finns krusningar på ytan men havet förblir helt. Det är bara egots trots som vägrar acceptera och som ständigt pladdrar om att saker är sanna, osanna, goda, onda, verkliga, overkliga etc.

Ditt sanna själv är *det* där språket ekar och skallar, koncept accepteras och försvinner, tankar kommer och går, känslor kommer och försvinner. Ditt sanna själv är enkelt, äkta och underbart.

MADHUKAR: Vem står på tur?

Jag är inte intresserad av att ställa frågor.

MADHUKAR: Det är mycket klokt.

Är världen verklig? Om inte, hur kan jag någonsin bli lycklig?

MADHUKAR: "Om jag inte ser månen existerar den inte". Det här sarkastiska uttalandet från Albert Einstein syftar på hur vågor beter sig när de observeras, dvs. kontinuerligt konstanta tillstånd som genom observation "kollapsar". Vågorna transformeras till partiklar vilket går stick i stäv med deras vanliga vågbeteende, som är att upplösas. Båda verkar befinna sig på samma plats samtidigt. Det är som om de här partiklarna väljer sina egna tillstånd. Matematikern John von Neumann som var en av kvantfysikens grundare förklarar även att det är i hjärnan som detta sker när vi observerar medvetet. Så det är observatören som skapar världen. Det här är egentligen inte något nytt, Buddha sa samma sak. Är detta det rena medvetandet som är de visa människornas verklighet, som lever i en värld som ständigt strålar i ett rosa skimmer oavsett vilka sinnestillstånd som kommer och går? Är det därför de inte är angelägna om ljusets overklighet – världen – och lever sina liv i renaste lycka?

Vad är glädje?

MADHUKAR: Det genomskinliga självet är den enda beständiga verkligheten, det är frid och en tyst glädje.

BRÖD, SEX OCH DÖD

Denna tystnad som skrämmer många av er här, som tynger eller besvärar er, är det dyrbaraste som finns. Det är varats innersta natur. Förutsättningen för livet. Att känna igen tystnaden innebär inte att man ständigt behöver hålla tyst eller flytta till ett kloster i Chiemgau eller till en grotta i Himalaya. Tankarnas flöde, ditt inre buller, det mentala avfallet, kommer inte att upphöra där heller. Tystnaden innebär att vara helt oberoende av tankar och känslor, i ett fullt naturligt tillstånd.

Jag har inte kommit för att ge er en föreläsning. Det skulle inte vara till särskilt stor hjälp för er och ert uppvaknande. Allt ni kan få utifrån, allt ni kan lära er, kommer en dag att försvinna. Det ni kan upptäcka *här* är det som alltid varit och som alltid kommer att finnas: ert eget sanna själv.

Det är inte något ni behöver lära er, det är redan här. Jag tänker inte ge er några föreläsningar eftersom alla olika filosofieåskådningar och religioner inte har lyckats skapa en varaktig förändring i världen.

Så det har fallit sig så att vi har sammanstött med varandra. Ni kan ställa frågor eller beskriva er upplevelse av livets essens för mig. Det intresserar mig mycket.

Hur kan jag känna igen vem jag är?

MADHUKAR: Det är en bra fråga. Det är bara ett problem. När du tittar inom dig är det du ser – om du inte gör det på ett väldigt medvetet sätt – gamla idéer och koncept. Du ser bara det du har samlat på dig genom dina erfarenheter, det du har lärt dig från din kultur: dina föräldrar, dina lärare, massmedia etc. Du har programmerats som en robot och därför är du begränsad. Dina sensoriska förnimmelser levandegör dig, samtidigt som de begränsar dig. Alla dina erfarenheter kommer från dina sinnesorgan: ögonen, öronen, näsan, munnen, huden. Den innersta naturen kan inte upplevas med hjälp av sinnena eller förståndet. Men det är rätt enkelt att upptäcka dig själv för du är här!

Det var en bra fråga du ställde. Ännu bättre vore: "Vem är jag?" För det är "vem?" som kommer att leda dig tillbaka till dig själv. Ställ dig själv den frågan. Så kan vi ta ett par steg tillsammans. Förstår du frågan?

Ja, men jag saknar svaret.

MADHUKAR: Vem ser att det inte finns något svar? När du säger att du saknar svaret måste det finnas någon som ser att du inte har svaret. Vem är det?

Det jag ser nu är det som mina sinnen förnimmer.

MADHUKAR: Det måste också finnas en djupare dimension som ser detta, en dimension du kan erfara. Så då måste det också finnas ett förnimmande väsen som är djupare än personen med sina mänskliga begränsningar. Det jag hänvisar till är medvetandet som erfar det du har talat om. Vem är det?

Jag kan känna det men jag kan inte uttrycka det.

MADHUKAR: Det du kan känna finns redan här. Är vi överens om det?

Ja.

MADHUKAR: Kan vi kalla det för medvetande?

Ja.

MADHUKAR: Medvetandet ser eller förnimmer. Vi måste använda den här sortens ord eftersom språket endast fungerar i sinnenas värld. Innebörden har alltid med känsla, syn eller hörsel att göra. Vi kan inte använda språket när vi ska beskriva det som är bortom sinnets uppfattningsförmåga. Och vi måste använda ord. Förnimmer du din kropp?

Jag ser min kropp.

MADHUKAR: Bra. Din kropp är här. Den kan ses. Kan du även se dina tankar?

Ja.

MADHUKAR: En tanke kommer, stannar en tid och försvinner sedan. Tanken som fanns tidigare är borta. Det viktiga för mig är medvetandet. Det är djupare än dina tankar och känslor. Fram till nu har vi huvudsakligen identifierat oss med dem. Vi uppfostras med idén om att det skulle finnas en person som vi kallar för jag. Många fakta tycks ge skäl för dess existens: födelsedagar, orden mitt och ditt etc. Och för de flesta finns då personer och denna identifikation leder till problem. Annars skulle alla vara lyckliga. Men tyvärr är så inte fallet.

Det är särskilt viktigt för unga att begrunda detta eftersom de oftast tror att lyckan är något som kommer till dem senare. Men de flesta unga ser att de vuxna inte verkar speciellt lyckliga, utan att de istället är ganska frustrerade och desillusionerade.

När jag är helt tyst och min jag-uppfattning tynar bort finns där en tystnad som känns helt annorlunda. Ibland följs den av en känsla som om ingenting saknades.

MADHUKAR: Jag skulle kalla det för överflöd.

Ja, men så finns det något som förnimmer detta.

MADHUKAR: Mycket bra!

Och ett särskilt subtilt ego hör till den som förnimmer detta. Varför finns denna kvalitativa skillnad?

MADHUKAR: För att den som ser inte helt har försvunnit, inte fullständigt upplösts i själva förnimmelsen, i tystnaden; eftersom skillnaden mellan subjekt och objekt består. När tystnaden har blivit absolut verklighet försvinner du och bara essensen är – Enhet. Där finns ingen skillnad mellan framträdandena och subjektet.

Försvinner uppfattningsförmågan då? Kan den inte längre förnimma sig själv?

MADHUKAR: Kvar finns bara Enhet. Det kanske blir så att man försvinner och inte längre erfar en kropp, men jag vill inte gå till det mysteriet ännu. Det sker naturligt. Kroppen och uppfattningsförmågan fungerar även i ett tillstånd av Enhet. Det är bara det att det finns en absolut klarhet, ett överflöd och att man är fri från allt tvivel.

Kan man jämföra detta med vår djupa sömn när man inte uppfattar något alls?

MADHUKAR: Det finns tre grundläggande tillstånd: det vakna tillståndet, drömtillståndet, och djupsömn. Och det finns även ett fjärde tillstånd: dagdrömmande. Dagdrömmandet kan bli en sjukdom. Dagdrömmandet sker ca tio miljoner gånger per dag. Så ofta förlorar du dig i illusioner, tankar om framtiden, önskningar och förväntningar, ditt förgångna, glädjerika eller tunga minnen. Vi förlorar oss i något som störde oss, saker vi hade velat göra annorlunda. Med andra ord i självömkan och självanklagelser. Oftast drar vi runt en hel säck full med självanklagelser som har med vårt förgångna att göra. Som jag ser det är detta helt onödigt eftersom det i nuet inte finns några otrevligheter.

Om du är intresserad av nuet så finns det här. Om det inte intresserar dig, var då snäll och tala om varför. Vad kan vara mer värdefullt än att vara lycklig? Vissa människor tillbringar år med att inte känna sig tillräckliga, med att vara avundsjuka och missunnsamma. Självklart finns det också glädjefulla ögonblick däremellan. Men tyvärr skapar vi ofta negativa tillstånd. Jag hävdar att varje sekund där du inte känner dig tillfredsställd är bortkastad tid.

Tillbaka till din fråga. För dig verkar kroppen ha upplösts under djupsömnen, där det mentala flödet minskat, vilket du knappast kan förnimma medvetet. Men däremot uppstår skapelsen igen i drömtillståndet. Har det någon gång inträffat att drömmen du drömde häromnatten fortsatt några dagar senare?

Ja.

MADHUKAR: Det är intressant att vår hjärna har förmågan att skapa till synes samma verklighet i drömmen som den vi upplever i vårt vakna tillstånd. Det du ser nu skulle även kunna vara din dröm. Dessutom är det möjligt att ha drömmar där tid och rum förskjutits. Och då är *fantasmagorin* möjlig både i drömmen och i det vakna medvetandet.
Allt, universum, multiversum – bara en tanke.

KÄNN DIG SJÄLV stod det på porten till Apollotemplet i Delfi. Vad är självet som menas? Säkerligen inte ego-självet. Det är mer sannolikt att det är det transcendentala självet som åsyftas. Neurovetenskapen visar på ett nytt *status quo*: att jaget bara är en tankekonstruktion. Och plötsligt framträder en helt ny bild av människan.

Det är farligt att komma till *satsang*. När ni kommer hit utsätter ni er själva för dödlig fara. Jag måste varna er. De som vill fortsätta med sitt dagdrömmande som innan borde inte komma.

Nu när jag är här känner jag en märklig obeskrivlig lätthet i mig. Jag ser stenarna och klipporna och jag känner mig oerhört lätt.

MADHUKAR: Gratulerar!

För mig är det viktigt att ha en mästare på utsidan.

MADHUKAR: På utsidan? Menar du ungefär som att ha en lagkamrat på spelplanen?

För några år sedan var min stora önskan att ha en mästare. Min önskan blev helt och hållet uppfylld!

MADHUKAR: Det är en stor nåd. Idag är de flesta människor alldeles för arroganta för att utnyttja möjligheten att vara med en mästare.

Det sker av sig själv. Jag gjorde ingenting för att åstadkomma detta.

MADHUKAR: Din önskan för sanning och frihet fick en mästare i mänsklig skepnad att komma till dig. Han konfronterar dig med kärleken du är, eller med lögnerna du har.

Det är det mest värdefulla eftersom det oftast inte går att se sina lögner.

MADHUKAR: När du står inför mästaren blir dina lögner uppenbara. Men en lögn är bara en tankeprodukt och inte sanning. Därför måste lögnerna alltid försvinna.

Jag har en fråga angående atma-vichara. *Vad är det för slags metod?*

MADHUKAR: *Atma-vichara* är den mest direkta och effektiva metoden av alla. Ordet jag använder på tyska, "selbstergründung", innehåller två ord, "själv" och "grund". Alltså handlar det om dig själv och den ursprungliga grunden. Sanskrittermen *"atma-vichara"* skulle man kunna översätta som "att utforska djupen", där målet inte ligger i någon obestämd framtid. Här använder vi havets metafor, det eviga elementet man kan sjunka ner i. Men att utforska djupen är en blixtsnabb handling, snabbare än ljuset själv.

Men då går jag ju inte på djupen, jag accepterar endast det jag upplevt tidigare.

MADHUKAR: Vad är din upplevelse av *atma-vichara?*

27

När det görs snabbt innebär det att jag inte alls går på djupen utan bara minns tidigare stunder när jag utförde atma-vichara.

MADHUKAR: Försök igen och berätta vad det är du upplever. När du bara minns, känn genast igen det! Vänd bort från minnet så fort du kan, eller så sakta du kan om du föredrar det. Vänd dig mot dig själv, till den som detta minne äger rum i. Börja nu!

Där finns frid. Det stör mig att jag är medveten om min kropp men att den inte upplöses. Förmodligen har jag någon slags idé om hur det ska vara.

MADHUKAR: Vill du upplösas?

I princip, nej.

MADHUKAR: Om din kropp upplöses behöver du inte längre några kläder. Du kommer inte längre att kunna njuta av ett glas vin eller champagne. Och glöm sex.

Jag behöver inte heller ha några smycken.

MADHUKAR: Vill du verkligen att din kropp ska upplösas? Den kommer att upplösas förr eller senare och då kommer din önskan att bli uppfylld. Men när det ska ske är inte något du kan bestämma. Det kommer att ske när det sker. Eller om man säger det på barnens sätt: Det kommer att ske när gud vill att det sker. Brahms vaggvisa på tyska slutar med orden: "Tills du väcks lilla vän, nästa morgon igen, om det är vad gud önskar." Det bekymrade mig alltid när jag skulle somna som liten, när glädjen i livet var gränslös, och min mormor sjöng den sången för mig. Jag som knappt kunde hålla mig från att vakna nästa dag och fortsätta leka. Vad hade gud med det att göra?

Det finns olika åsikter om vad uppvaknande är, eller om man använder den vanliga termen: vad upplysning är. En del ser det till exempel som ett blixtnedslag från himlen, eller som ett ljus som tänds inom dig, eller att något transcendentalt inträffar.

Jag har hört att uppvaknandet ofta innebär en kolossal smärta.

MADHUKAR: Det var födelsen. Vem sa det?

Några som...

MADHUKAR: ...inte har en susning. Uppvaknandet kan innebära uppenbarelser eller tillstånd av upplysning som tycks överväldigande. Jag har aldrig upplevt detta som smärtsamt, det är mer som en enorm orgasm. Men uppenbarelserna är inte verkliga, de är inte absolut sanning. De är helt enkelt manifestationer som har med kroppen att göra; med kroppens energisystem som har gått över den vanliga nivån och nått in i det övernaturliga. Men de är fortfarande bundna inom dimensionerna. Uppvaknandet har med frid och ickeidentifikation att göra. Det har ingenting med din kropp och dina idéer, dina förväntningar och koncept att göra. Du kan vara medveten om din kropp under denna process men den kan också försvinna.

Jag gillar ordet frid mer än lycksalighet. Det känns som om jag kan förstå ordet frid bättre. Lycksalighet är för mig något som är skiljt från verkligheten, något som flyter en halvmeter över marken.

MADHUKAR: Det låter en aning snedvridet. Det påminner om en andlig konferens ...
Nej, det handlar inte om att få saker att levitera. *Atma-vichara* sker på saklig grund. Jag misstänker att du gillar att lägga dig ner och ta en tupplur. Sedan kallar du detta för *atma-vichara*. Då tror du att du har gjort ditt jobb för dagen och resten är upp till Madhukar. Byt ut denna metod med *atma-vicharas* ljusklara sken.

Hur många gånger om dagen ska jag göra det?

MADHUKAR: En gång per dag.

Det verkar som om det tär mycket på kroppen. Det tar mig en hel timme att återhämta mig efteråt.

MADHUKAR: Var tillbringade du timmen?

Någonstans mellan vakenhet och sömn. Jag lyckas inte klämma in atma-vichara mellan andra saker.

MADHUKAR: Jag sa inte att du skulle göra det en gång och snabbt. Gör det en gång per dag under tjugofyra timmar!

Jag kan inte sitta och utöva atma-vichara. *Jag måste ha fullständig tystnad om det ska fungera, även om du säger att det kan ske oplanerat. Det fungerar inte för mig.*

MADHUKAR: Vad menar du med "om det ska fungera"? Hur ser det ut när det fungerar?

När jag har tid att sätta mig ner, eller lägga mig ner, då kan jag praktisera atma-vichara.

MADHUKAR: Och hur gör du då?

Då frågar jag mig själv: "Vem är det som ser detta? Vem ser tankarna, kroppen, fötterna?" Men jag kan inte göra detta när jag bakar bröd eller står i kön till snabbköpet, även om jag har tiden till det.

MADHUKAR: Att använda sig av *atma-vichara* när man bakar bröd passar utmärkt. Men det verkar som om du har blivit van vid ett visst beteende, att sitta eller ligga i vissa ställningar. Det kan vara till nytta under en viss tid men mot slutet kan det hämma dig. Av den anledningen rekommenderar jag dig att inte hålla fast vid speciella beteenden.

För två år sedan gav jag rådet till en i *satsang* att han kunde använda sig av *atma-vichara* på kvällen fem minuter innan han somnade och fem minuter efter att han vaknat. Det berodde på att jag kunde se att en direkt och varaktig *vichara* och kapitulation var omöjlig för honom. Två månader senare publicerades mitt svar i en tidning och ett år senare i en bok. Därefter gjorde människor det till en lära: "Såhär ska *atma-vichara* utföras." Man kan redan nu se hur en framtida *satsang*-bibel kommer att se ut. Om människor får långa snablar som följd av det globala användandet av kokain, och stora gröna öron efter att missbrukat ecstasy i unga år, kommer *satsang*-bibeln att säga: "Vik öronen framåt, sätt snabeln i munnen och kör den långt ner i halsen till dess tallkottskörteln börjar droppa."

Kommer bandet mellan mästare och elev att påverka mig?

MADHUKAR: "Evigt förenade av en mystisk telepatisk förbindelse". Det här är inte en naiv idé om kärlek, det är den så kallade *kvantsammanflätningen* som upptäcktes av fysikern Erwin Schrödinger. Två partiklar som uppstått i samma tid och på samma ställe upplever samma fenomen. Om den ena partikeln till exempel ändrar sin rotationsaxel, så ändrar sig även den andra partikeln vid exakt samma ögonblick. Är inte denna *spöklika avståndsverkan* (som Einstein kallade den) samma relation som den mellan *gurun* och eleven?

Existerar reinkarnation?

MADHUKAR: På natten kan du drömma om ett annat liv och uppleva det som verkligt. När du drömmer kan du ha tandvärk eller befinna dig på ett slagfält i en blodig kamp och få armen avskuren, och du känner smärtan. Du är rädd att du dör. I din dröm är allt detta verkligt men när du vaknar morgonen efter vet du att det bara var en dröm. Inkarnationerna har samma verklighet. När du inser vem du är kommer du att förlora ditt intresse för drömmarna.

Jag läste någonstans att Papaji ofta sa: "Om du befinner dig hos mig nu beror det på att du förtjänade det i ett tidigare liv."

MADHUKAR: Det måste ha varit inspirerande för den personen att få höra de orden.
Använd det du har läst för att inse vem du är, men läs inte som en *sadduké*. Använd det livfulla, tala öppet och ärligt, men gör inte det Papaji en gång sa till någon till en filosofi. Det var så Bibeln uppstod. Kristus hade också lärjungar, elever som han talade till, och senare blev det en religion av det. Kristus sa en sak till Maria Magdalena och en annan sak till Peter beroende på situationen och förståelsen personen hade. Han hjälpte var och en av dem att komma till en förståelse att himlen finns här och att de redan är Det.
Papaji kunde se sina inkarnationer tydligt, var han hade bott och arbetat, och han visste varför han hade kommit tillbaka till jorden igen: för en kvinnas kärlek. I livet innan detta var han en slags föreståndare i ett *ashram* i södra Indien. Han blev kär i en ung kvinna som livnärde sig på att samla kokosnötter. Han kände åtrå för

henne men agerade aldrig på sin önskan eftersom det inte hade varit okej som *ashramets* överhuvud. Därför var han tvungen att komma tillbaka och gifta sig med kvinnan, vilket var tur för mig! Jag är evigt tacksam att han blev kär i den kvinnan, annars hade jag aldrig träffat honom.

När du har nått en tillräcklig insikt kommer det att bli klart för dig att reinkarnation inte existerar. Det viktiga är att se att Papaji finns här i detta nu.

Tror du på ett liv efter döden eller är döden slutet på allt?

MADHUKAR: Det finns liv *före* döden. Vakna upp nu och du kommer att se att du är evig och oberoende av kroppen och sinnet. Du är det eviga livet!

Hur kan man kapitulera om man ständigt försöker kontrollera sig själv?

MADHUKAR: Den som är benägen att ha självkontroll rekommenderas istället att använda *atma-vichara* eftersom kapitulation kan vara svårt för västerlänningar. De flesta tror att kapitulation är något som man kan tänka sig till. Men jag säger det ändå eftersom det är en möjlighet att uppnå frihet direkt. Kapitulation sker av sig själv, eller som en följd av *atma-vichara,* eftersom du inser att du inte är personen du trodde att du var, att du inte är en slav och att du är fri! Den som är fri har inga problem med att kapitulera.

Är kapitulation svaret på frågan "vem är jag?", eller finns det inget svar?

MADHUKAR: Det finns ett svar: Du!

Så svaret är inte en idé?

MADHUKAR: Nej, det är inte en idé eller en tanke! Mycket bra! Svaret går djupare än någon tanke. Där en tanke finns måste också en bakgrund finnas. När vi lyssnar på musik eller andra ljud måste det också finnas en resonanskropp som ljuden klingar i.

Är det sant att sinnet plötsligt kan försvinna och tankarna sluta och att endast tomheten blir kvar? Vad finns kvar när detta sker?

MADHUKAR: Det som finns kvar är sanningen som omfattar allt. I verkligheten existerar allt, samtidigt som det inte existerar. Modern vetenskap visar mer och mer på vilka vi är. Tyvärr lever människor fortfarande i idéer från medeltiden.

Och ändå är vi inte så långt ifrån medeltiden, inte en sekund ens!

MADHUKAR: Inte en sekund ens ...

Jag har en fråga om sex. För några veckor sedan hörde jag ett rykte om dig från en vän.

MADHUKAR: Och det gav dig en dålig känsla?

Mycket dålig!

MADHUKAR: Var det din egen åsikt eller var det din väns åsikt?

Min väns.

MADHUKAR: Så varför upprepar du din väns åsikt?

Eftersom det gjorde ett intryck på mig. Hon sa att...

MADHUKAR: Vänta lite nu. Jag frågade dig, inte din vän, om ryktet gav dig en dålig känsla, och du sa att det gjorde det. Betyder det att du har antagit din väns åsikt och gjort den till din?

Men jag tvivlar ändå.

MADHUKAR: Om tvivlen är så viktiga och du vill tala om det så gör det!

Ryktet säger att du hade sex med en av dina elever i Indien.

MADHUKAR: Var det din vän?

Nej, det var inte hon.

MADHUKAR: Varför talar hon då om det?

Hon tyckte jag borde veta eftersom hon vet hur entusiastisk jag är att komma till dina satsanger och att jag känner mig så inspirerad av det jag upplever här.

MADHUKAR: Anser du att jag inte borde ha sex?

Inte alls, det borde du definitivt!

MADHUKAR: Definitivt? Hm, det är kanske att gå lite för långt. Vad är sex för dig?

Fysisk närhet, att njuta och allt annat som är knutet till detta.

MADHUKAR: Det låter trevligt. För mig är det en oskiljaktig del av allt som är och allt som jag är. Jag skiljer inte på var den ena slutar och den andra börjar. Tack för din förklaring, det låter verkligen underbart! Närhet, glädje, utmärkt! Och jag får ta del av det? Till och med definitivt? Bra!

Givetvis. Det enda besvärande med det är att det är ett förhållande mellan lärare och elev.

MADHUKAR: Det kan inte vara mig du talar om eftersom jag inte är en lärare.

Är du inte en mästare?

MADHUKAR: En mästare har inga elever. Hen skiljer inte på något.

Men är det inte så att människor besöker dig eftersom du har något att lära dem?

MADHUKAR: Varför har du kommit?

Eftersom jag vill finna Enhet.

MADHUKAR: I så fall är alla separationer ett hinder! Jag har varken hört det sägas, inte heller är det min personliga erfarenhet, att någon någonsin skadats av att vara nära mig. Men om det skulle ske vore det bra om den personen säger det till mig personligen. Att man talar direkt, inte via rykten genom att säga dåliga saker om vår närhet. Kvinnan du nämnde skulle också ha kunnat tala med mig personligen om hon verkligen hade haft anledning till det. Men jag känner inte kvinnan du talar om. Jag vet inte om hon själv har problem med sin sexualitet, kanske begränsas hon av sin egen uppfattning om vad som är okej eller inte okej? Eller är sex ett problem för dig?

Tanken på missbruk fick mig att tänka efter. Jag har själv upplevt missbruk.

MADHUKAR: Tvingades du till sex?

Ja.

MADHUKAR: I hela mitt liv har jag aldrig tvingat någon till fysisk närhet med mig. Den heliga mästarlinjen jag tillhör lever livet till det yttersta. Den går tillbaka till Krishna som sägs ha haft tjugotusen kvinnor! Inte heller i Krishnas fall talar vi om missbruk eftersom kvinnorna kom till honom självmant, lockade av hans flöjtspel.

Det verkar som om du indirekt sökte efter någon att tala med att du blivit utsatt för sexuellt missbruk.

Jag vill inte tala om det här eftersom jag inte tycker det behövs. Men jag känner konsekvenserna av det. Det känns smärtsamt i hjärtat.

MADHUKAR: Det är fantastiskt att vi kan reda ut det! En moraliskt skönmålad bild av hur en mästare borde vara hjälper inte någon. Det är en uppfattning som på grund av din tidigare kränkning får dig att känna dig skenbart säker. Att vara tydlig hjälper dig. Det finns inget tvång och inget särskiljande. Allt är som det borde vara.

Jag lever friheten och jag är inte tvungen att bete mig på ett visst sätt för att anpassa mig efter någons idéer. Jag låter mig inte heller missbrukas av andra och låter mig inte ledas till skenhelighet. Tyvärr finns det lärare och *gurus* som har en handfull eller tusentals elever och som ägnar sig åt skumma metoder. Jag ber inte någon att leva på ett visst sätt. De som kommer till mig får själva bestämma hur de vill leva. En del vill leva ihop med en partner, andra föredrar att leva ensamma, och vissa lever med flera partners. Ingen kommer att få instruktioner från mig, jag ger inte ens några råd. Det du kallar sex, som du har beskrivit på ett väldigt bra sätt, har varit en stor glädjekälla i mitt liv. Underbart! Gudomligt! Jag vill gärna att det förblir på det sättet.

Den påhittade andligheten som säger att intima kärleksakter borde förbjudas, att sex är syndigt, orent och borde övertriumferas eller helst avskaffas helt och hållet har ingenting med sanningen att göra. Den uppfattningen kommer ur de stela kuvade inrättningarna som vi ser i religionerna. Jag har full respekt för min mästare som uppfostrade ett barn med en trettio år yngre kvinna som man skulle kunna kalla för hans "elev". Jag högaktar även hans *guru* som, vad vi vet, aldrig hade sex och som till och med undvek fysisk kontakt med andra. Båda är legitima! Det finns inga regler som säger hur det borde vara, det är mer så att det finns många valmöjligheter.

För närvarande lever jag inte i ett fast förhållande. Det är möjligt att det är välgörande och härligt för en kvinna att vara med mig, medan det för en annan är fullt av projektioner från förutfattade idéer och gamla sår. De kanske även har en önskan om att äga mig. Men förgäves.

Men hur kan jag skilja på vad som är heligt och vad som är hyckleri? Jag ser så många hycklare.

MADHUKAR: Vad gäller oss två har vi inte haft någon fysisk närhet, så jag gissar att ingen skada har skett. Eller gör det ont i dig att jag inte har rört vid dig?

Vi kramades och tog farväl efter satsang.

MADHUKAR: Ja, jag kommer ihåg det. Räknas det som sex?

Nej.

MADHUKAR: Okej, jag frågar bara eftersom jag vill vara tydlig.

Det var ett mycket trevligt och hjärtligt ögonblick som jag uppskattade mycket.

MADHUKAR: Det gläder mig att höra. Tack för att du talar om det.

Jag väntar fortfarande på att du ska säga hur man skiljer på hyckleri och helighet.

MADHUKAR: Lita till ditt hjärta. Det är säkrast att inte lita till andra människors oförstånd.

Hur viktig är tystnaden i vardagen? Jag vet att du har sagt att tystnaden är det mest kraftfulla som finns i universum.

MADHUKAR: Det är riktigt. Tystnaden är ditt sanna själv. Även havet är tystnaden, fastän vi, speciellt en dag som denna, imponeras av vågornas krafter [Det hörs ljud från vågorna i närheten]. Ändå är havet tystnaden.

Hur kan jag känna igen tystnaden?

MADHUKAR: Genom att sluta oroa dig. Om du har gott om tid, säg en miljon år, då väljer du att praktisera övningar och meditera. Men vem har en miljon år över? Sinnet, som är identifierat med kroppen har inte så mycket tid, och din kropp har det inte heller. Dess livslängd är begränsad till hundra år, eller sextio år, eller mindre.

Kapitulation fungerar bättre. Även det mäktiga havet kapitulerar för månens dragningskraft – en evigt pulserande ebb och flod. Havet förblir oberört. En våg uppstår, känner sig stor och mäktig, förblir ett tag, lider, kollapsar och upplöses.

Ägna dig åt *atma-vichara* när kapitulationen inte kommer av sig själv. Insikten om att din livslåga är det gudomliga självet är den mest direkta insikten och kräver inte miljoner år. Inte ens ett steg! Du har matats med att du behöver göra dig av med fångstkedjan steg för steg. Men låt dig inte luras. Om du befann dig i ett fängelse där dörren till friheten kunde öppnas vid ett tursamt tillfälle, skulle du då vänta tills du kunde springa ett ärevarv? Skulle du vänta och först dricka en kopp kaffe ihop med dina cellkamrater? Skulle du ha tiden att slutföra schackpartiet eller kortspelet du påbörjat? Inte alls, du styr kosan mot friheten på det snabbaste sättet. Full av glädje och medkänsla kommer du att ropa till dina schackmotståndare: "Kom med mig, detta är vägen till friheten!" De kommer dessvärre att svara: "Jag kan inte, jag har en tid med fängelseterapeuten senare idag."

Jag kan inte förnimma tystnaden.

MADHUKAR: Tystnaden ryter som ett lejon och bara en dåre kan sova när lejonet ryter.

DEN FORMLÖSA DIAMANTEN

Hur ser man på själen inom advaita?

MADHUKAR: Konservativa neuroforskare har länge försökt bevisa att kroppen och sinnet är sammanbundna, med andra ord att allt vi upplever är kopplat till våra hjärnor. Begreppet om den odödliga själen har därför inte längre någon bärighet inom dagens vetenskap och filosofi. Ansedda forskare, i synnerhet kvantfysiker, finner fler och fler bevis på att medvetandet finns bortom våra hjärnors världar. Medvetandet är uppenbarligen ett eget självständigt fenomen. En som lever i *advaita* upplever sig själv på ett mystiskt och helt banalt sätt. Som en transcendent person i en transcendent neurologisk verklighet – den eviga oceanen – ur vilken individen kommer och försvinner som en våg. Förståelsen att man är både det absoluta och individen gör livet så mycket lättare. Och det finns ingen anledning att frukta att den här insikten sätter käppar i hjulet för din framgång i världen, eftersom förmågan till ett kritiskt tänkande bevaras.

Det här kanske låter lustigt men det känns som om jag står inför valet: atma-vichara eller döden.

MADHUKAR: Självkännedom eller döden. Okunnighet ger död, självkännedom ger evigt liv. Alla som rör sig i samklang med självet är välsignade. Var inte rädd för att systematiskt och varaktigt förstå vem du är. Du bör inte heller låta dig skrämmas av rädslorna och programmen från din historia eller från det som samhället anser vara korrekt. Var autentisk! Om du längtar efter frihet, sträva efter den med alla medel som står till ditt förfogande. Det finns inget viktigare än att ta reda på vem du är och vara lycklig.

Så jag behöver inte oroa mig för min överlevnad?

MADHUKAR: Din överlevnad är utom din kontroll. Varför belasta sig med detta? Studera och jobba som alla andra gör, som det passar ditt tycke och dina möjligheter. Det är klokt att leva hälsosamt men du har ingen kontroll över livet och döden. Det finns ingen anledning att tynga sig med oro om detta.

Tack för att du klargör detta.

Är det dåligt att äta kött?

MADHUKAR: Många avancerade kulturer har i årtusenden varnat för hur köttets vibrationer är ogynnsamma och även orena. Rädslan det levande djuret känner kommer att överföras till personen som äter dess kropp. Aggressivitet och dålig hälsa kan bli resultatet.

En sak är säker, det är väldigt meningsfullt att vara vegetarian. Inte bara ur hälsosynpunkt men också av ekologiska och politiska skäl. Den globala köttproduktionen främjar inte folkhälsan, den kostar miljarder och berövar folket dess oberoende matproduktion. Och köttmanin förstör vårt mest värdefulla arv, moder jord, samt bidrar till klimatkatastrofer.

Enorma områden i Amazonas blir oåterkalleligt förstörda för att till exempel plantera sojabönor som förstör jorden. Sojabönorna används sedan som föda för gigantiska hjordar av nötkreatur som sedan blir hamburgare och hamnar på människors plasttallrikar.

Behovet av grödor i världen som föder djuren är ungefär åtta gånger så stort som mängden spannmål människan använder. För varje hamburgare som är tillverkad av regnskogskött blir femtio kvadratmeter mark förstört.

Lagar som har etablerats för att skydda naturen blir ständigt upplösta genom att man "grillar kontrakten": ett fördaterat dokument placeras i en låda med en grill och efter en stund ser det ut som ett äkta gammalt dokument. Holländska och numera kinesiska bolag är djupt involverade i dessa skumma affärer och jobbar ihop med korrupta befattningshavare. Och det är bara ett av många exempel. Girigheten hos dessa företag tycks aldrig sina. Men har vi råd med detta i en tid av klimatförändringar och världssvält? Vi borde inte låta sådana saker hända. En vegetarisk värld kan bli en värld utan svält.

En gång i tiden åt man kött en gång i veckan och idag äter många det tre gånger om dagen. Och det gör oss inte gladare heller. Som man brukar säga: Du är vad du äter.

När man hör talas om alla negativa konsekvenser som massproduktionen av kött innebär är det svårt att förstå att politiker och konsumenter inte ändrat uppfattning när det gäller köttätande. Ta galna kosjukan till exempel, eller fågelinfluensan, och alla andra skandaler med försäljning av ruttet kött.

Intelligenta människor äter inte något som har ögon. Här i Wien finns underbara grönsaksmarknader och utmärkta vegetariska restauranger. Idag är dagen när du gör förändringen och börjar äta på ett mer hälsosamt och medvetet sätt.

Är det viktigt för dig att äta vegetariskt?

MADHUKAR: Jag äter uteslutande vegetarisk kost. Och min kropp är mycket glad över det beslutet. Även grönsakerna är glada. Redan under min första resa till Indien 1981, långt innan jag träffade min mästare som var *brahmin* och vegetarian, vattnades det i munnen på mig när jag såg alla de vegetariska läckerheterna. Tanken på att äta kött lockade mig inte längre. När jag själv en gång högg huvudet av en tupp var köttätandet avslutat. Jag bytte diet. Senare var jag emellertid tillsammans med en *dzogchen*-mästare. Han var tibetan och i Tibet älskar de kött. När man bor i Transhimalaya där det nästan bara erbjuds hirs – eftersom det nästan är omöjligt att odla grönsaker där – och i sällsynta fall kött, är det inte förvånande. Ibland hade vi i *sanghan* en ritual tillsammans som kallas *gana-puja*. Det är en gammal tradition som kommer från bön: Tibets mångåriga religion där kroppar offras. I den tibetansk-buddhistiska verkligheten finns inte bara människor utan också gudar och *asuras*, hungriga andar med flera.

Efter alla *mantran* äter man med stor medvetenhet maten som donerats och dricker vin därtill. Bland andra rätter fanns också "tatar". Genom att äta alla dessa rätter offrar deltagarna symboliskt sig till gudarna och till andra väsen. Som en anhängare till *sanghan* deltog jag i ritualen, men att äta det råa köttet var en ganska stor utmaning för mig som var vegetarian.

Om du äter kött, då borde du veta att du är ansvarig för de livsformer du äter. Det bästa vore att vakna upp, då kommer även djuret att välsignas när du äter det.

För att förtydliga det hela: Jag tvingar inte på någon som besöker mig etiska regler. Alla kan leva som de önskar. Etik har inte så mycket med ditt uppvaknande att göra. Annars skulle många vegetarianer ha vaknat upp. Tyvärr är inte det fallet. En av de största tyrannerna från förra seklet, en massmördare, var en trogen vegetarian och helnykterist. Hans stränga askes ledde honom ingenvart. Denna österrikiska man är känd även bortom Tysklands gränser där han blev kansler 1933.

Jag heter Marga och kommer från Chur i Schweiz. Jag skulle vilja dela med mig av att under den här retreaten har jag för första gången förstått vad friheten innebär.

MADHUKAR: Detta är gudomliga nyheter. Berätta mer om du vill.

Det började igår kväll. Först kände jag en ofrihet. Sedan sköljde en våg av längtan över mig, längtan från ett långt sökande, och plötsligt nådde sökandet en slutpunkt. I morse väntade jag för att se om det skulle återvända eftersom jag fortfarande kände en viss oro.

MADHUKAR: Väntade du på att den gamla vågen skulle återvända?

Ofrihet var min följeslagare under lång tid. Men så testade jag det du föreslagit, och jag upptäckte att allt som behövdes var den rätta inställningen. Jag är så glad att du finns och så tacksam att du är här hos oss. Tack så mycket. Nu kan jag börja på nytt.

MADHUKAR: Det nya kommer att komma självmant. Allt det nya kommer av sig själv. Allt som måste komma ska komma, och allt som måste försvinna ska försvinna.

Detta är så underbart. Tack.

MADHUKAR: Vår uppgift är helt enkelt att hantera kännedomen om denna diamant med respekt och värdighet.

För två dagar sedan läste jag en intervju med dig i "yoga aktuell" och jag insåg att jag alltid hade missförstått något. Du säger att det eviga är identiskt med det sanna självet.

MADHUKAR: Det är riktigt.

Jag skiljde dem alltid åt.

MADHUKAR: Ja, du skiljde på dem.

Och nu när jag har slutat göra det är allt annorlunda.

MADHUKAR: Det är just därför du aldrig ska skilja på saker. Detta underbara hjärta är alltid här. Men de flesta fokuserar istället på det som kommer och går inom hjärtat, och det orsakar lidande.

Det är så enkelt.

MADHUKAR: Att tänka är svårt, att älska är enkelt. Jag älskar dig Marga.

Under årens lopp har jag märkt att människorna här i satsang tenderar att bli vackrare och vackrare.

MADHUKAR: Jag har märkt det också, även i ditt fall! Det som slår mig är att i början ser deltagarna ut att vara stinna, oroliga, och rynkiga, och mot slutet är de glada och föryngrade. Kanske vi borde annonsera med en slogan: "Skönhet genom *satsang*."

Jag har känt detta i min kropp ganska tydligt i flera år; när våra ögon möts i satsang och när jag erfar självet i min vardag börjar mina celler att vibrera. Meditation är för mig att sitta stilla och bara vara i tystnaden. Då kan jag känna detta extra tydligt. Att inte identifiera mig med kroppen är viktigt för mitt uppvaknande. Jag observerar den, och får känslan att allt blir mer förandligat.

MADHUKAR: Det behöver inte betyda att din kropp måste bli förandligad. Det viktiga är att din perceptionsförmåga har blivit mer förfinad.

Som vi vet är materien inte så tät som den verkar. Våra celler är inget annat än vibrationer. Oscillerande atomer, subatomära partiklar, kvarkar, strängar, de minsta entiteterna. Det är ganska häftigt, de försvinner och förnyar sig enligt *osäkerhetsprincipen*, och sedan blir de bestämbara igen. Idén om att kroppen ständigt är likadan stämmer inte. Det enda som är bestående med kroppen är att den hela tiden framträder och försvinner.

Jag kan se det. När jag har fördjupat mig i världsliga saker minskar vibrationerna. Framförallt känner jag det i mitt huvud. Så det är viktigt att ha den rätta inställningen även i det dagliga livet.

MADHUKAR: Ja, i vardagen. Ändå skulle jag rekommendera att du inte skiljer på det världsliga och det icke-världsliga. Även världen äger rum i självet.

Vilken effekt har denna förändring i perceptionsförmågan?

MADHUKAR: Att man får en subtilare perception av den fysiska verkligheten. Kroppen är inte en trög massa. Det är fullt möjligt att cellerna som utgör kroppen kan förfinas eller förändras med tiden. Jag brukar aldrig specifikt tala om detta eftersom det egentligen inte är nödvändigt. Annars kanske vissa börjar fokusera på att omvandla cellerna i sina kroppar, vilket leder till ytterligare ett stresspåslag.

Det sker av sig själv.

MADHUKAR: Ja. Jag kommer ihåg något som hände när jag befann mig i djungeln i södra Indien. En kväll satt jag vid kanten av floden Subramania och plötsligt fick jag se en vattenorm. Jag såg på den, den såg på mig. Och jag vet inte om det var solnedgången som speglades i reptilens ögon eller om det var något esoteriskt. I alla fall, när våra ögon möttes slog det mig som en blixt från en klarblå himmel. Mina ben kunde inte hålla mig uppe. Jag snubblade och sjönk sedan ner och blev sittande. Varje cell i min kropp formligen exploderade, förvandlades till ljus och löstes upp som guldvax. Det var som om allt smälte samman, följt av en närvaro, och jag blev som född på nytt. Men nu betyder inte detta att du ska gå till djurparken för att möta ormarna.

Kroppen är ett underbart kärl, ett tempel som det är vår plikt att hålla i ett helt och gott skick. En sak är säker: En dag kommer detta tempel inte att finnas kvar. På samma sätt som stenbyggnaderna en dag måste bli ruiner har även kroppen en begränsad tid här.

Tack och lov.

MADHUKAR: Eftersom du lever i överflöd säger du "tack och lov". Andra människor lider och hoppas på att deras lidande ska upphöra.

Spelar det någon roll var vi befinner oss?

MADHUKAR: Faktum är att det inte gör det. Men ändå finns det något som är värt att nämna, och som är delvis humoristiskt men också existentiellt: Det finns en konstant som håller samman världen, finstrukturkonstanten "alfa" som är en storhet som anger styrkan hos den elektromagnetiska kraften som binder samman elektroner till magnetkärnan; ett tal vars värde motsvarar nästan exakt 1/137. Om talet vore större skulle de repulsiva krafterna i atomernas kärnor var så stora att kärnfusionen vore omöjlig, och livet skulle aldrig ha kunnat uppstå. Om värdet hade varit mindre än 1/137 hade massans täthet varit mindre och molekylerna hade kollapsat vid de lägre temperaturerna. Men det hade ändå inte spelat någon roll var de hade placerats, för inom kort skulle det ändå inte ha funnits någonting kvar.

Hur började allt?

MADHUKAR: Forskare har starka bevis för ett första ögonblick, när den första kraftfulla expansionen uppstod för 13,7 miljarder år sedan under bråkdelen av en miljarddels sekund. Detta, vilket överensstämmer med H.W.L. Poonjas kunskap, och min kunskap, visar på den omedelbara uppkomsten av universum, likaså dess upphörande. Man kan jämföra det med en spindel som spinner sin tråd och sedan tar tråden tillbaka in i sin kropp igen. Allting är. Ingenting är. Ingenting var. Ingenting kommer någonsin att vara. Jubla! Njut av livet.

Jag har varit ett offer för min fru i...

MADHUKAR: ...tusentals år har människor kommit till sina mästare och sagt samma sak: "Jag är ett offer." Det är bara artighet som gör att de visa inte börjar gapskratta åt de orden.

När jag frågar mig vem jag är kan jag inte se mig själv. Jag kan se mitt sinne i vicharas *process. Men kan jag även upptäcka att jag inte är mitt sinne?*

MADHUKAR: När du tittar ser du ditt sinne. Du använder *vichara* och inser att du inte är sinnet. Vad finns kvar mer? I ögonblicket när du inser: Jag är inte mitt sinne, jag är inte tankarna som kommer och går, jag är inte känslorna som tillhör den mentala aktiviteten. Vad finns kvar?

Bakgrunden.

MADHUKAR: Existensens grund. Rent ursprungligt själv.

Men hur ser man det?

MADHUKAR: Du kan inte se det. Du *är* det!

Allvarligt?

MADHUKAR: Du *är* det! Grunden för ditt sökande är ett inbillat avskilt väsen. Antingen kan du kapitulera, eller använda dig av det som är mest direkt, vilket är *atma-vichara*. *Atma-vichara* består i att ifrågasätta varje manifestation och varje förståelse: att de inte är den högsta sanningen utan endast något som framträder tillfälligt. Det är så du demaskerar det falska jaget. Vad som återstår är fortfarande ett jag, det sanna jaget, själva varat! Då behöver du inte längre söka för du kommer att veta: Jag är det!

Ja. Men min kropp finns fortfarande här och talar ... försvinner inte kroppen?

MADHUKAR: Nej, varför skulle den försvinna? Kroppen kommer att försvinna när tiden för den har kommit. Så njut!

Är det sant att en nära kontakt, även vänskap, med en guru, kan vara ett hinder för sökaren?

MADHUKAR: Nära kontakt är definitivt inte ett hinder. Även sann vänskap är inte ett hinder eftersom det är detsamma som *frändskap*. En falsk kamratskap kan däremot vara ett hinder.

Jag har hört att det är svårare för en sökare när hen har ett personligt förhållande till sin mästare eftersom det kräver en större medvetenhet.

MADHUKAR: Om vi ska tala om relationer är det bäst att vi talar om relationen mellan ett jag och ett annat jag och inte mellan personer. Det du tar upp kan vara anledningen till att jag föredrar att tilltala mina elever formellt, att jag använder det formella tilltalet när jag talar på tyska till dem. Ett formellt tilltal innebär en värdig respektfull inställning till självet. Det här är till mer hjälp för människor, särskilt eftersom jag har en mycket nära och vänskaplig kontakt med många, på ett mycket o-*guru*-aktigt sätt.

Om jag konsekvent fortsätter att fråga "vem är jag?", och på så sätt får tillgång till, lämpligen, det högsta självet, och om jag i det tillståndet förlorar min personliga identitet, då atma-vichara *avslutades på ett framgångsrikt sätt, vem finns då kvar att uppleva den resulterande lyckan?*

MADHUKAR: En mycket bra fråga! Intelligent resonemang. Utmärkt! Till att börja med är det högsta självet inte ett tillstånd. Det är riktigt att ingen kommer att finnas kvar när du vaknar upp, och att du inser att du alltid var denna lycka. Alltid! Det är bara det att du hade glömt det. Du kunde bara komma ihåg vissa ögonblick när du var lycklig: som barn när du lekte i skogen, eller såg en solnedgång vid havet. Stunder när du kände dig fri, avslappnad och lycklig. Du minns dem, och inser att lyckan alltid fanns där. Men den var dold av saker som var till synes viktiga i ditt liv, som jobb, bekymmer, målmedvetet arbete och mycket mer.

Nu kommer ditt liv att fortsätta även efter uppvaknandet. Det är bara det att nu kommer du att kunna tycka om det. Jag kan till och med påstå att du kommer att kunna glädja dig tusen gånger mer åt det. Livets utmaningar kan egentligen inte belasta dig mer. Du är friheten och friden själv. Styrkan växer i dig. Allt sker av sig själv. Allt slit upphör. Jag är det. Det finns ingen anledning att benämna det som "lycksalighet" eller "uppvaknande". Det kan bli så att kraftfulla känslor kommer inom dig, glädjerika känslor av att vara djupt berörd. Tårar eller skratt kan komma när du går in i den stora tystnaden – överflödet som alltid finns här.

Det är obegripligt varför chansen att upptäcka självet inte söks mer än det gör. Det kommer trots allt inte att göra att glädjen i livet försvinner. Bara den som lider försvinner. Livsförhållanden som påminner om lidande kanske fortsätter, liksom våra bedömningar om vad som är bra eller dåligt för oss. Om en översvämning sveper bort ditt hus kan det under vissa omständigheter komma som en lättnad för dig, men det betyder inte att du önskar att det ska ske.

Hursomhelst, den som alltid lider är egenkär. Att sträva efter lycka är inte nödvändigt. Lyckan finns redan här och du är den. Glädje och smärta kommer och går och i själva verket kan de inte röra dig. Personen har önskningar och förväntningar. Personen förväntar sig och får sina förväntningar infriade eller blir besviken. En person är sårbar men den du *är*, är alltid fri.

Tack!

MADHUKAR: Varsågod! Vad har du att förlora? Inget alls! Ta reda på vem som är. Om du vill ha frid, om det känns bra för dig när friden finns här, bli då kvar här eller gå djupare. Och om inte, det är också bra.

Du är äldre än mig, en erfaren man, du har upplevt och uppnått mycket i ditt liv. Du får själv bedöma om det har gjort dig helt och hållet tillfredsställd och lycklig. Du kan vara stolt över det du har uppnått: säkerhet, välstånd så att du har tillräckligt för dig och din familj. Men är du verkligt lycklig, vet du vem du verkligen är? Inget är mer värdefullt än den här friden.

Jag är en mångsidigt intresserad människa och kan glädja mig. Jag har rest en hel del, jag har studerat, observerat, arbetat och reflekterat. Det fanns mycket bra i allt detta, men ingenting gav mig mer överflöd än förståelsen om vem jag är. Den friden är det bästa av allt.

Jag låter mig inte luras av allt som kan tänkas komma. Jag har sett världen, träffat kändisar, miljonärer, framgångsrika människor, politiker från många länder, uteliggare som jag delade sovplats med under broar, tiggare, *yogier*, lärare och *guruer* samt vanliga människor. Jag har delat livet med samtliga och kollat upp om de var lyckliga. Jag såg inte mycket lycka. Jag såg trötthet, rädsla, illusion, ytlighet, börda, smärta och verklighetsflykt.

Självfallet ser jag också lycka och godhet, spontanitet och glädje, hjärta, kärlek, solidaritet, alla dessa underbara saker som gör livet värt att leva. Ändå är alltsammans tillfälligt och kortvarigt. För i slutänden är det så att allt som kommer ska försvinna. Därför är det avgörande att ställa frågan: Vem är verklig? Vem är? Vem är jag?

Även när du har befunnit dig mitt i ditt jäktiga liv har du hela tiden frågat: "Vad är det jag egentligen vill?" Därför har du kommit hit. Välkommen!

När jag kapitulerar och säger ja till livet upplever jag en enorm frihet.

MADHUKAR: Kapitulerar du till livet hela tiden, säger du ständigt ja till livet?

Säkert finns det stunder när jag inte lyckas göra det. Men för mig är detta inte bara ett koncept, det är djupare än så.

MADHUKAR: Jag tror på det du säger.

Jag har levt länge nog med koncept.

MADHUKAR: Halleluja! Ett ärligt uttalande.

Tror du att livet fortsätter om jag säger nej till det?

MADHUKAR: Det spelar ingen roll vad jag tror. Livet fortsätter. Är inte det också din upplevelse?

Det finns stunder när jag tänker att jag måste simma medströms. Vid sådana stunder dras jag med av livets strömmar. Jag fortsätter att hela tiden köra slut på mig utan att det behövs.

MADHUKAR: Du kan simma och det behöver inte köra slut på dig. Att simma kan vara kul. Det stärker ditt hjärta och dina muskler, vilket är bra.

Det skulle inte vara så illa att drunkna i livets flod.

MADHUKAR: Vad hindrar dig att göra det? Öppna ventilerna och sjunk! Förlora dig själv helt i det som är här och nu!

Wow! Jag blir allt mer medveten om att jag lever. Annars hade jag behövt fråga "vem upplever livet?" och då gått tillbaka som en observatör och att separera. Jag har levt länge nog i separation.

MADHUKAR: Halleluja! Vad hindrar dig att släppa taget om även den här observationen och bara vara?

Det som hindrar mig är att jag funderar på att kapitulera.

MADHUKAR: Det var därför jag bad dig att sluta.

Det finns dessa små frestelser som jag ibland inte kan motstå. Som igår till exempel, när jag började ställa en fråga som var helt och hållet intellektuell. Tack och lov upptäckte jag det i tid.

MADHUKAR: Jag märker ditt allvar. Inte att du är allvarlig utan snarare att du är ärlig.

Om du nu inte tänker på att kapitulera och inte heller fäster någon uppmärksamhet på alla dina andra tankar, då ...

Det finns en känsla av tomhet som samtidigt är fullhet. En aldrig sinande gåva!

MADHUKAR: Ja. Detta skapar en enorm tacksamhet.

Och utan att jag behöver göra någonting. Ordet nåd dök nyligen upp. För mig känns det ordet okej. Som att få en gåva och att känna sig älskad, inte för att man har ansträngt sig eller förtjänat det.

MADHUKAR: *Satsang* är tacksamhet, *satsang* är nåd.

Jag är tacksam att du fortsätter att föra mig tillbaka till varats grund.

MADHUKAR: Jag har redan sett alltför många som gömmer sig bakom en inbillad kapitulation eftersom det inte nödvändigtvis har några konsekvenser.

Det kan vara en form av verklighetsflykt.

MADHUKAR: Absolut! Det kan vara en verklighetsflykt, vilket är synd. *Atma-vichara* involverar även kapitulation. Som vi har sett i ditt fall medför *atma-vichara* tacksamhet och inre vägledning.

Det är inget som förståndet kan greppa. Det är en djupare vetskap som jag är tacksam för.

MADHUKAR: Då spelar det ingen roll hur den här vetskapen ser ut eftersom du är ett med självet, med gud, med *gurun.* Allt är ett. Ändå uppkommer tacksamhet till mästaren. Det var likadant för mig: tacksamhet till existensen och ett konstant uppvaknande. Förvirringen som kallas livet kom till ett slut.

Om detta tillvägagångssätt, denna *atma-vichara,* är det slutliga hindret, släng då det också i elden! Då kommer du verkligen att kunna säga: "Det finns ingenting jag behöver göra!" Däremot hade det uttalandet inte någon bärighet innan.

Det handlar inte om saker vi måste göra, som vi ofta kallar för "vardagsstress". Det handlar snarare om att släppa taget om denna falska aktivitet. När det sker kommer du sannerligen att kunna säga: "Allting är, allting sker, allting kommer, allting går."

Annars är det bara en tom fras.

MADHUKAR: Detta uttalande har degenererat till en tom fras. Vi har kallats till att vakta denna formlösa diamant – insikten om varat – och att respektera den. Man paketerar inte en diamant i en plastförpackning utan i ett finare material: i en ren kropp, ett klart sinne och ädlare känsloströmmar.

För ett tag sedan gick jag och satte mig vid bäcken. Plötsligt var jag inte där längre, bara bäcken och ljudet fanns. Sedan kom känslan att jag bara är en tom behållare.

MADHUKAR: Behållaren är oberoende av sitt innehåll. Behållaren säger inte: "Åh nej, inte vinäger igen! Jag vill inte ha vinäger, jag vill ha vin." Behållaren säger ingenting. Den är bara en behållare.

Vad är det som sker när mästaren och eleven ser varandra i ögonen?

MADHUKAR: Eleven försvinner, mästaren försvinner – obeskrivlig glädje! Det är omätlig lycka när du träffar en mästare som inte kommer att bedra dig. När du tittar närmare kommer du se att mästaren inte bara sitter framför dig utan ser med dina ögon. Det är mycket speciellt att någon vill vara fri och har ett rent hjärta ... som du.

På baksidan av din första bok står det att du hade din första upplevelse av upplysning på 80-talet. Kan du beskriva det.

MADHUKAR: Min första upplevelse av upplysning fick jag vid två års ålder, 1959, när jag satt och jonglerade med ljusklot. Texten på baksidan av min första bok har ofta misstolkats. Den hänvisar till en upplysnings-upplevelse – uppväckandet av *kundalini* – för att förklara att till och med detta oerhörda tillstånd inte är den slutliga sanningen. Uppvaknandet uppenbarar det sanna självet. Även *yogier* har sökt upplysning i tusentals år. Nuförtiden söker många upplysning utan att veta att det inte är det slutgiltiga.

Fanns det ett driv i dig eller hände det av sig själv?

MADHUKAR: Det beror på om du accepterar tidens kontinuitet. Grunden lades redan i mitt förra liv där jag mediterade med detta som mål. I det här livet kom det från ingenstans, från självet, utan att jag behövde öva för det. Det kan hända att jag har nämnt dessa kraftfulla händelser, men jag gillar inte att tala om dem eftersom de inte är verkliga. De sammanfaller bara med sinnets idéer, även om de kommer i de mest varierande formerna som universum kan åstadkomma. Detta är förnimmelser på nivåer som är långt ifrån vårt normala medvetande. Det är enormt kraftfulla energier där det förflutna, framtiden och nutiden sammanstrålar. Men allt detta är inte slutgiltig sanning, de är bara fenomen som uppträder i kroppen och sinnet.

Även dessa underbara manifestationer har en bakgrund: absolut varande, självet, hjärtat. Av det skälet borde människor i väst snarare bli avskräckta än uppmuntrade av att jaga den typen av upplevelser, med alla möjliga sorters övningar som hjälp. Det är troligare att de hamnar på mentalsjukhus än att de kommer att skapa något magnifikt. Därför rekommenderar jag inga sådana övningar. För vem är slipad nog att ha med sådana oerhörda energier att göra? De är så starka att ingen kan kontrollera dem.

Jag syftar på ditt rena hjärta. Jag syftar på självet. Jag syftar på absolut sanning. Det har exempelvis funnits *yogier* som lyckats förbli i *samadhi* i femtio år och sedan återvänt men som fortfarande inte vet vilka de är. Meditationsövningar och *yoga* är bra för hälsan och kan skapa en mental avslappning, men använd dem inte i försök att nå upplysning. Upplysning och uppvaknande är olika, åtminstone som vi ser på dem idag.

För Ramana är allt ett och samma. För honom finns enbart självet eftersom han alltid finns här.

SJÄLVFÖRVERKLIGANDETS DANS

MADHUKAR: Om vi vill ha fred i världen, och att alla människor ska älska varandra, då måste vi först finna friden och kärleken i oss själva. Det kan vi göra. Att vara människa är nog i sig. Alla har möjligheten att vakna upp, oavsett utbildning, etnicitet, kön, välstånd etc. Alla har möjligheten eftersom friden och kärleken är vår sanna natur. Mer effektiv än alla olika slags övningar som syftar på att inse detta är, sann *advaita*. Ursprunget, det som är innan egenskaperna blev till, till och med innan embryot blev till, uppenbarar sig som självet och är för alltid orört. Endast i renheten hos barnen, hos en dåre eller i en *guru* är självet igenkännligt. När ni en gång har känt friheten kommer ni ständigt att attraheras till den. Ni kommer att dras tillbaka, understödd av en mästare såväl som er innersta diamant – självet.

Nåden har funnits här i tiotusentals år. Den bara flödar och flödar.

En gång hörde jag dig säga att vi inte kan ta emot några gåvor om vårt bagage är fullt. Hur kan vi tömma vårt bagage?

MADHUKAR: Det bästa vore att kasta bort allt sitt bagage!

Hur kan jag göra det?

MADHUKAR: Det är rätt enkelt! Bara släpp allt det som du krampaktigt klamrat dig fast vid. Vad är det för svårt med det? Om du inte släpper det nu kommer du snart att få kramp i dina muskler, eller så kommer du att genomlida en mental kramp som leder till förvirring. Du kanske inte ens vet om att du använder allt gammalt skräp i tron att det är till nytta för dig, men det är det inte. Det är skadligt. Den som litar på mig kastar bort allt skräp på en gång. Om du inte litar på mig har du inget annat val än att använda det och uppskatta vad det är värt för dig. Om du uppskattar ditt skräp kommer jag inte att ta det ifrån dig. Vad är det du vill? Vad hindrar dig att kasta bagaget?

Jag vet inte.

MADHUKAR: Det verkar som du är förälskad i ditt förflutna. Har det gjort dig verkligt lycklig? Och ändå är det så enkelt! Den första förutsättningen är din önskan, din längtan, efter friheten. Den andra är *viveka*, förmågan att skilja på det som är verkligt och det som är overkligt. Därtill kommer mästarens nåd, åtminstone för de flesta.

Så nu har du den mest gynnsamma förutsättningen. Här med mig i *satsang* är det inte möjligt att bedra sig själv. Lämna allt gammalt skräp bakom dig. Det betyder inte att du behöver förändra ditt liv. Du kan fortsätta med dina relationer och ditt arbete, det är helt upp till dig. Men du måste vända ryggen radikalt mot din falska identifikation med det förflutna. Annars kommer jag också att stå maktlös i att hjälpa dig. Om du uppskattar ditt gamla skräp kan jag acceptera det. Det är ditt liv.

De som litar helt och fullt på mig behöver inte göra mer. Allt kommer att ske naturligt för dem. De andra uppmuntras att penetrera källan, hjärtat, verklighetens natur med *atma-vichara*. Varje tanke, varje känsla, din kropp, alla dina upplevelser måste betänkas i belysning av frågeställningen "vem är jag?". Det är faktiskt ganska enkelt, eller hur? Och om tvivel eller hinder kvarstår efter detta kan du be mig om ett tydliggörande, och jag kommer att tydliggöra det.

Men att bara sitta här för att uppleva några känslosamma ögonblick är andligt självbedrägeri och ett slöseri med tid. Tre dagar räcker för att se om det jag säger är sant. Du har slösat trettio år på andra upplevelser och det har inte gjort dig lycklig. Varför skulle du inte under tre dagar kunna testa det jag föreslår? Men vad förväntar du dig så länge du är mindre närvarande än barnet som leker här framme? Om du inte vet vem du är, är det i alla fall bättre att säga: "Jag är friheten!" Varför säger du istället att du är "fröken viktig", "fröken rädsla", "fröken skamsen" eller "fröken försiktig"? Det är mycket bättre om du säger till dig själv att du är friheten. Friheten kräver att man är utan ett förflutet. Vad skrämmer dig så med det?

Det okända.

MADHUKAR: Du måste bita modigt i det okända. Första gången den här måltiden erbjöds mig var det helt okänt för mig också. Om jag hade tvingat bort den hade det inte varit hälsosamt för mig.

Finns det överhuvudtaget någonting att göra?

MADHUKAR: I en del fall finns det någonting att göra. Egentligen finns det inget att göra, men för någon som är fast i aktiviteter är till och med att släppa taget en slags handling. För att säga det kortfattat: Det finns inget att göra! Denna visdom betyder bara något om man är verkligt villig att släppa taget. Annars är det ett hinder eftersom du kan missbruka den för att stånga emot friheten som du egentligen är.

Jag är säker på att de flesta av er redan hört sådana här visa uttalanden men har ni använt er av dem? Ni vet om er tystnad bara är en grå slöhet och om era tankar är en slöja som påminner om tomhet eller om ni är själva friheten. Detta måste utredas vidare. Om ni accepterar friheten som en tro kommer det att visa sig bara vara ännu en vanföreställning.

Till dess vi har upptäckt vårt sanna själv bortom alla tvivel, till dess varat blir levt, borde vi praktisera *atma-vichara*. Och vi borde göra det oavsett om vi mår bra eller dåligt. Annars kommer vi att fångas i tvåfaldigheten. Det vill säga må bra när vi mediterar eller är i *satsang*, och må dåligt på vår "tråkiga" arbetsplats eller i den "trista" tunnelbanan. Vilket felaktigt tänk.

Det kan se ut som att även *atma-vichara* är ett utövande, men faktum är att *atma-vichara* innebär att vakna upp från vårt dagliga drömmande. Det är drömmarna som är aktiviteten! Du kommer att inse vem du är, antingen direkt eller gradvist. Du kommer att igenkänna ditt sanna själv som aldrig förändras, det i vilket allting sker; kanske mental aktivitet eller olika sinnesstämningar finns kvar, kanske även stress, men en identifikation kan inte längre finnas kvar.

Av den anledningen råder jag dig att inte ge någon uppmärksamhet till de olika känslorna utan hela tiden återvända till dig själv, till den som förnimmer allt. Eftersom du är denna närvaro finns det egentligen inget annat att göra än att oupphörligen vända tillbaka uppmärksamheten till ditt oföränderliga själv.

MADHUKAR: [Madhukar läser ett brev] *Älskade Madhukar, den sista slöjan, lycksalighetens slöja, har avlägsnats. Du säger att din mästare Papaji vaknade upp med frågan "vem är det som ser?". Det är precis vad som hände mig idag. Svaret är så enkelt att det inte kan förstås.*

MADHUKAR: Det är mycket bra. Utmärkt! [Fortsätter läsa brevet] *För att kunna förstå måste det alltid finnas två, ett subjekt som förstår och ett objekt som förstås. Men i det sanna självet finns ingen tvåfaldighet, varken subjekt eller objekt, endast den ena utan den andra. Där finns bara varat i sin renaste form – formlöshet, tomhet, enbart nu! Inget förflutet existerar, ingen nutid och ingen framtid. Evigheten är nu, nu är evigheten. Så vem är det som ser? Ljuset ser ljuset, kärleken upplever kärleken, friden är fridfull, tystnaden vilar i tystnaden. Det är så enkelt. Tack!*

MADHUKAR: Mycket bra! Så enkelt. Du hade glömt det.

Jag kommer inte att glömma det igen. Jag har varit ganska obetänksam. Du hade rätt när du poängterade att jag fortsätter att glömma det. Du har hela tiden visat det för mig, om och om igen, men ändå fortsatte jag att glömma. Att glömma var ett trick från sinnet. Andra har säkert upplevt samma sak, att sinnet kommer in genom bakdör-

ren. Mitt var mycket listigt. Det fick mig att glömma, men till sist kapitulerade det. Nåden är helt enkelt starkare.

Igår frågade du om nåd. Jag upplevde nåden så starkt att allt motstånd var meningslöst. Jag har hissat den vita flaggan. Mitt sökande är över. Jag tillkännager det en gång för alla. Livet är alltför värdefullt för att slösas bort på ett sökande. Jag behöver inte längre komma ihåg. Jag har insett varför jag är här. Den enda anledningen för min existens nu är att påminna människor om Det, om de vill bli påminda.

MADHUKAR: Det gläder mig. Låt oss äta tillsammans. Varsågod! [Madhukar räcker besökaren en frukt].

MADHUKAR: Ditt namn *"Rishi"* betyder "hen som ser". Vem är det som ser?

För mig är att verkligen se ett möte med mig själv. När det sker blir jag väldigt tacksam.

MADHUKAR: Min mästare vaknade upp med hjälp av frågan "vem är det som ser?". Redan som barn hade han upplevt uppvaknande, men han hade fortfarande en önskan om att se gud. Detta förde honom genom hela Indien, från *ashram* till *ashram*, från *guru* till *guru*. Ingen kunde ge honom ett tillfredsställande svar på frågan. Hans mor hade redan som barn berättat för honom om Krishna, och Krishna visade sig för honom vid många tillfällen, vilket bara sker om man är en äkta hängiven. Harilal dansade och var helt begeistrad i sin älskade. Han var förtrollad, men också stolt över sina upplevelser och uppenbarelser, stolt över underbara manifestationer, gudomliga extaser, sin längtan efter sin älskade. Han hade förälskat sig i allt detta och förlorat sig själv.

Ramana Maharshi konfronterade honom med frågan "vem är det som ser?". Generellt är andliga sökare programmerade med dunkla idéer och vaga begrepp – böcker, lärare, förvrängda upplevelser – och till slut blir de frustrerade. Det är inte helt olikt dem som är materiellt förblindade. De missar friden, de är besvikna och ibland till och med oärliga.

Nu menar jag inte min mästare Papaji. Extaser var hans liv, hänförelser var hans existens. Vem kan påstå sig ha upplevt något liknande? Endast ett fåtal. Naturligtvis kan vi gå in i vissa euforiska tillstånd med hjälp av meditation, övning, dans, sex och droger, *tantra* och *yoga* – alltsammans tillfällig berusning. Ramana Maharshi visade honom hans själv. Sällhetens extas är det sista hindret, den mest subtila illusionen. I forntida texter står det att *Ananda Maya Kosha,* sällhetens stomme, är lika självklar som vår hud. Det är få som upplever sällhet. Och även sällheten är inte absolut sanning. Frågan "vem är det som ser?" raserar alla illusioner. Det är som om frågan är gjord för oss. Vi har en sådan längtan efter sensoriska upplevelser, efter fysisk och känslomässig glädje. Vi formar hela våra liv på ett sådant sätt att vi ska uppleva glädje och lycka. Men glädje och lycka är alltid tvåfaldiga, de är alltid sammanbundna med besvikelse och lidande. Hen är fri som ser bortom tvåfaldigheten.

Jag hörde att du gillar att köra snabba Porschar.

MADHUKAR: Det tillverkas inga som går sakta. Har du en?

Nej det har jag inte. Men jag skulle vilja ha en.

MADHUKAR: Då och då kör jag Porsche men jag äger ingen.

Jag har hört att du gillar att leva så.

MADHUKAR: Om du erbjuder mig att få köra en Porsche så kommer jag att göra det!

Det skulle jag vilja ordna.

MADHUKAR: Lyssna här. Jag växte upp utanför Zuffenhausen i Tyskland, vid utkanten av skogen där. Och där kör de Porsche lika ofta som de kör Volkswagen i Wolfsburg. Min farfar arbetade i en Porschefabrik, min far hade ett jobb på Mercedes Benz. Jag är genetiskt betingad att ha ett visst intresse för bilar.

Min fråga handlade egentligen om hur det passar sig att å ena sidan vara upplyst och å andra sidan köra Porsche, eller att ordna fester etc.

MADHUKAR: Det passar sig! När jag ser blixten från en fartkamera känner jag mig som hemma. Menar du frihetsfesterna?

Ja. Jag hoppas kunna komma någon gång.

MADHUKAR: Buddha satt hela tiden och drömde om en Porsche. Han fick bara aldrig någon.

Okej, jag fattar. Tack.

MADHUKAR: Varsågod.

Patanjali skriver i sin *Yoga Sutra:* "*Yoga* är bemästrandet och integrerandet av sinnesaktiviteterna, när den som verkligen ser – självet – vilar i sin sanna natur."

För ett år sedan hoppade min bror från en dammvägg. Han var den finaste person jag har träffat. Det gör så ont i mig. Är sådana saker förutbestämda eller kunde jag ha hjälpt honom? Efter hans död har jag gråtit mycket i sorg och smärta. Nu kan jag inte sluta tänka på om vissa saker i livet är förutbestämda. En del säger att det finns mycket man inte kan bestämma, att de är bestämda som en del av livet. De tror att allt som sker redan är fastlagt, som en bok som redan skrivits, och att det inte finns några valmöjligheter. Jag tänker på mördare och narkomaner. Är det egentligen karma?

MADHUKAR: En sak är säker: När du inser vem du är, då finns det inte längre någon *karma*.

Men kan man göra sina egna val innan?

61

MADHUKAR: Låt mig förklara. I samma stund du tänker en tanke, har den redan skett. Forskarna kan mäta hjärnaktiviteten och de har funnit att det går en bråkdels sekund mellan hjärnaktiviteten, det som utgör grunden för tanken – *beredskapspotentialen* – och när vi blir medvetna om den. Det spelar ingen roll om tanken är ett ord, ett ljud, en doft eller en bild.

Det besvarar inte min fråga.

MADHUKAR: Det bästa du kan göra för dig själv och din bror är att inse vem du är. Du hjälper hela världen, hela universum med upptäckten om att du är friheten, friden, kärleken och den rena glädjen. Detta är helt oberoende av om din insikt resulterar i vissa handlingar eller inte.

Allt är förutbestämt! När jag ser att detta kan hjälpa någon, då kommer jag att tala om denna absoluta sanning och bekräfta den. Men om jag ser att människor missbrukar detta som en ursäkt för sin slöhet och sin lathet att inte förbli i sina sanna identiteter, då kommer jag troligtvis säga att inget är förutbestämt.

Din bror hade en viss tilldelad livstid på jorden, och han var i alla fall här under många decennier. En del livsformer, insekter till exempel, men även människor, föds och dör efter en kort tid, de dör kanske bara efter en timme. Kanske bara för att få upplevelsen av att få vara här. Eller för att få uppleva kärleken.

Hur gammal var din bror?

Femtio.

MADHUKAR: Exakt femtio? Hände det på hans födelsedag?

Han tog självmord på min födelsedag.

MADHUKAR: Jag hade en bror som dog ung. Han kvävdes. Två dagar innan stötte vi av en slump på varandra vid mina föräldrars hus. När vi tog adjö av varandra gjorde vi det på ett sätt som var ganska ovanligt för oss. Vi var omedvetna om att han bara hade några timmar kvar att leva. Han fick en astmaattack och tog sig nätt och jämnt till mina föräldrars hus. Han ringde på dörrklockan, kollapsade i min fars armar och gick in i en koma. Han var bara tjugoett år. Din bror var femtio år. Man kan säga att din bror fick ut mer av livet, eller att du fick ut mer av honom. När du verkligen inser vem du är spelar tiden ingen roll. Allt är nu. Tiden existerar bara för kroppen. När du tittar dig i spegeln ser du att du har några fler rynkor för varje år som går, oavsett vilken kosmetika du använder. Det är samma sak för mig. Detta är den efemära kroppens verklighet – födelse och död, förverkligandets dans, former i förvandling. Medvetandet är alltid ett och samma, alltid här, alltid äkta.

Hjälper mitt "vara i nuet" världen och människorna? Kan det leda till en förbättring?

MADHUKAR: Absolut, det är precis det som är vår uppgift. Det är bara det att jag inte talar om det direkt eftersom det tycks vara en börda för många människor. Många människor har svårt att komma till rätta med sig själva, med sina kroppar, sina tankar och sina känslor. Varför ska jag lägga ännu en börda till deras belastningar genom att säga att de delar ansvaret för hela universum.

Men det är underbart om du förstår detta.

Jag älskade min bror djupt.

MADHUKAR: Varför säger du att du "älskade" honom? Älskar du honom inte längre?

Jag älskar honom fortfarande. Han finns inte här längre men hans hjärta är här. Jag känner att han finns här även om han är död.

MADHUKAR: Han är alltid här!

Tack för bekräftandet.

MADHUKAR: Kärleken i ditt hjärta och i hans är ett. Formen är kortvarig, den försvinner efter femtio, hundra eller hundrasexton år. Det är den äldsta levande kvinnan i Japan just nu om jag inte missminner mig.

Det ligger inte i dina händer, det ligger inte i mina händer.

Älskade Madhukar. Jag skulle vilja dela något som är viktigt för mig just nu i livet. Jag ska försöka fatta det kort. Den här sommaren insåg jag att det fortfarande finns tankar som snurrar i mitt huvud, gamla historier som fortsätter att tynga mig. Det största problemet är att jag är rädd för kärleken. Jag kan se mina många manövrar. Även fast det kanske inte är möjligt att undvika kärleken ser jag hur jag undviker att beröras av den, samtidigt som jag längtar efter den. Ditt kärleksbudskap har fått mig att gråta mycket de senaste två dagarna. Tårarna kom djupt inifrån. Det kändes som om mitt inre masserades och blev mjukt. Jag är tacksam till dig eftersom detta är min akilleshäl. Jag lär mig att vara min egen vän så att jag kan vara starkare i alla livssituationer. Det är konstigt men jag hade inte insett allt detta innan, även om det gjorde mig frustrerad på mitt arbete och mina ansvarsuppgifter. Utan min egen viljekraft hade jag inte kunnat vara stark. Jag ser nu att jag är mer rotad i livet. Tack för ditt stöd och ditt tålamod. I kärlek. Sita.

MADHUKAR: Älskade Sita. Jag önskar dig skonsam healing. *Gurun* helar inifrån och ger nya krafter. Låt allt vibrera som det är tänkt. Kom hem till medvetandet. Var inte rädd!

Är det skillnad på män och kvinnor?

MADHUKAR: När det gäller uppvaknandet är möjligheterna lika. Ur mitt perspektiv, vilket är ur självets perspektiv, finns ingen skillnad alls. I självet finns inga kön. När det gäller vardagslivet är lika rättigheter och lika behandling praxis. Allt annat är nonsens. Vad kan vara mer inspirerande än ett samarbete i jämställdhet. Självklart finns det en viss charm för samspelet könen emellan, och det är inbyggt.

Skillnaderna orsakas av en gen som producerar det manliga hormonet testosteron i vecka åtta hos fostret. På flyget hit läste jag en artikel med titeln: "Älskling, det är bara hormonerna." Det var en intervju med Louann Brizendine, författaren till boken "Den kvinnliga hjärnan". En bok som säkert kommer att elda på diskussionerna i mansklubbarna och skapa intressanta diskussioner på intellektuella partyn. För påståendena som görs av den här feministen, som hon kallar sig, är inte särskilt politiskt korrekta. Hon skriver att kvinnor talar tre gånger mer än män, tjugotusen ord per dag faktiskt, och tänker på sex som mest en gång per dag, medan män tänker på sex var femtioåttonde sekund.

Brizendine som även är neuropsykiatriker skräder inte orden: "Kvinnors hjärnor är så djupt influerade av hormoner att man kan säga att inflytandet bestämmer kvinnornas verklighet."

Hon är även professor vid Harvard och tror att kvinnor uppfattar världen annorlunda än män, vilket de kan använda sig av för att själva bestämma sig för att leva ett bättre liv. Givetvis går uppväxt och biologi hand i hand när personligheterna formas. Den hormonella blandningen människor består av bestäms delvis av myshormonet "oxytocin" och det mer temperamentsfulla maskulina "testosteronet". Men även kärleken kan visa sig vara en naken hunger för nästa dos kroppsvätska: "Hjärnkretsarna som aktiveras när vi är kära liknar en drogmissbrukares." Vem vet vilken sorts hormoner som översvämmar våra hjärnor när vi upplever Enheten?

Välkommen! Självet är och förblir opåverkat i allt detta.

Hur känner jag igen min mästare?

MADHUKAR: Genom att du finner friden hos honom eller henne. Ett annat kännetecken som kan hjälpa dig avgöra om den du dras till är en mästare eller lärare är, att en lärare kommer att instruera dig att göra en massa olika saker. En mästare kommer istället hela tiden att föra din uppmärksamhet till det faktum att du redan är fri. Det är den fundamentala skillnaden – frihet eller ofrihet.

MADHUKAR: Hur kände du som sitter här framme igen mästaren som kommer att hjälpa dig?

Mitt hjärta kände igen mästaren och visade mig dig!

MADHUKAR: Och du?

Din närvaro var så full av tystnad och frid, och nu i min vardag har jag den upplevelsen mer och mer.

MADHUKAR: Eftersom vi är inne på detta ämne, vill någon mer svara på frågan?

Det blev allt tydligare eftersom mina tvivel bara smälte bort; tvivel om det överhuvudtaget var nödvändigt att ha en mästare, tvivel om du var en mästare eller om sanghan *var till någon hjälp. Och dessa tvivel ersattes gradvist av lycka, glädje och tacksamhet.*

Var kommer jag att hitta min mästare?

MADHUKAR: I ditt hjärta! Om du verkligen önskar frihet kommer mästaren att komma till dig. Du behöver inte längre resa halvvägs runt jorden och utsätta dig för alla möjliga sorters faror eller riskera sjukdomar. Om du verkligen vill ha frihet kommer friheten att komma till dig. Klarheten i ditt hjärta och i din inriktning tvingar mästaren att visa sig. Och du får vad du förtjänar enligt din inriktning och din *karma*. Trots allt är sannolikheten att en mästare inte är en mästare mycket stor.

Du nämnde karma *och inriktning.*

MADHUKAR: Det finns ingen *karma*!

Varför oroa sig för karma *om det inte existerar?*

MADHUKAR: Exakt! Mycket bra.

Jag såg en film där Poonjaji sa att det är nödvändigt med tillit för frihet. Jag skulle vilja veta om tillit utgör ett möjligt sätt för sinnet att rikta in sig emot friheten istället för att bara vara inriktat på sig själv.

MADHUKAR: Till att börja med vet jag inte i vilket sammanhang Papaji sa detta.

Någon ställde en fråga till honom: "Måste vi tro på något?" till vilket han svarade: "En viss tillit är definitivt nödvändig."

MADHUKAR: Hur fungerar det för dig? Vad behöver du tillit till?

Borde jag inte ha tillit?

MADHUKAR: Om du använder detta nu för att ta reda på *vem som är*, så kommer det att tydliggöras. Du behöver inte ha någon tillit överhuvudtaget. Kan du se på det här sättet?

Inte alltid.

MADHUKAR: Du behöver inte titta alltid. Du talar om det förflutna. Jag talade inte om det förflutna. Jag sa "nu".

Jag befinner mig vid en punkt där mitt sinne hela tiden flaxar fram och tillbaka.

MADHUKAR: Ja, sinnet skiftar hela tiden uppmärksamheten fram och tillbaka. Och vem ser att sinnet skiftar uppmärksamheten?

Något stort.

MADHUKAR: Något stort, bra. Så antingen är det supersinne eller sanningen. Så länge som du är offer för ditt sinne, som ofta är intrasslat i mentala fenomen, kan det vara till stor hjälp att tro och ha tillit till faktumet: "Jag är friheten själv!" Det kan också vara till fördel att lita på vad din *guru* säger. Om du är förenad med din *guru* kommer du att lita på vad han säger.

Ja, men det han säger kan missbrukas av sinnet.

MADHUKAR: Ja, du kan bli missbrukad av sinnet. Därför ger jag dig rådet att inte försena någonting! Ge inte ditt sinne en chans. Använda istället genast *atma-vichara*.

Se hur ordet "tillit" används i vår kultur. I den judiskt-kristna traditionen är tillit något man senare belönas för i himlen. *Här belönas du omedelbart!* Så sluta tynga dig med något en mästare sa 1992 eller 1994. Hans ord kanske inspirerar men kan också fungera som en dogm som kommer att tynga dig ännu mer. Titta direkt! Det är väldigt bra att du är medveten om att det du kallar för ditt sinne är kapabelt att föreställa sig vad som helst. För sinnet kan även få så kallade positiva tillstånd att och framstå som andliga och som senare inte visar sig vara till någon hjälp för dig.

Du måste hitta källan ... och källan finns här. Det finns inget annat än den här källan. Slutligen är det oväsentligt om du kallar det tillit eller fullbordande. Det viktiga är att du accepterar faktumet att du är Det – friheten, friden, tystnaden.

Strävar du efter någon dygd?

MADHUKAR: Ordet dygd låter lite föråldrat. Ändå kan jag säga att klarheten, inriktningen och friden är våra dygder idag. *Tua virtus fiat pax!*

TYSTNAD OMFORMAD SOM LJUS

Vad är medvetandet?

MADHUKAR: Ett mysterium. Medvetandet är en neurobiologisk gåta. Forskare och filosofer som har studerat medvetandet, som t.ex. Thomas Metzinger från Mainz, talar om ett fenomenologiskt själv och beskriver det inte som en sak utan som en process. Hans lära är radikal. Han hävdar att det inte finns ett enda själv i världen. För mig finns det utan tvivel ett själv, en okomplicerad verklighet som får sin styrka från det transcendentala, men – och detta visar på att våra idéer nästan sammanfaller – det finns inget *personligt* själv. Enligt Metzinger förväxlar vi oss hela tiden med innehållet i en självbild som skapats i våra hjärnor. Den subjektiva upplevelsen av att vara någon skapas när ett medvetet informationsprocessande system som använder en genomskinlig självbild är verksamt. Idén om att man är någon speciell sker omedvetet, säger han. Man ser inte sin självbild som just en bild eftersom den är genomskinlig. Man ser rakt igenom och missar den. Ändå ser man alltid igenom den.

När Sri Ramana Maharshi nuddade vid döden vid sexton års ålder kände han igen ett medvetande som var oberoende av kroppen och han gav det namnet "själv" eller ibland "hjärtat". Han formulerade en mycket skarp fråga som leder till igenkännandet av detta absoluta själv: Vem är jag?

Det är min förhoppning att ni kommer att kunna njuta av denna tystnad omformad som ljus, varandet fullständigt befriat från ert förflutna. Oavsett om ni är medvetna om det eller inte så njuter ni redan av den.

Att förbli i självet bara för ett ögonblick, är mer fördelaktigt än tre liv fyllda med goda gärningar. Det är vad Buddha sa om självmedvetandet. En grundläggande pelare i buddhismen är medkänsla. Dessutom har en buddhist övertygelsen att om hen lever sitt liv på ett gott sätt så kan nästa liv bli bättre. Kristna strävar efter att leva ett liv i broderlig kärlek där belöningen är att slutligen få komma till himlen – himlen som dogm.

De som har vaknat säger att livet i självet är bättre än allt annat som samhället anser nödvändigt för ett liv i harmoni: tolerans, goda gärningar, medkänsla, kärlek, osjälviskhet och broderlig kärlek. Varför? Eftersom enbart goda gärningar inte kan befria dig.

Och när du inser att du är Det behöver du inte spekulera om att få komma till himlen efter det här livet, och du behöver inte vara rädd för helvetet. Du behöver inte heller vänta på en andra chans, ett annat liv, utan du kommer istället att uppleva något underbart på en gång. Du kommer att erfara att himlen redan är här. Detta kallas himmelriket på jorden.

Det enda som mörklägger himlen är uppfattningen att man är en person, med alla synpunkter och prioriteringar som kommer med personen. Det är en ren illusion. Beteendevetare och hjärnforskare hävdar nu att det inte finns något sådant som en person. De har dragit slutsatsen att det finns sex miljarder icke-personer i världen. Och ändå är vår upplevelse av vår identitet så beständig. Hursomhelst vore det praktiskt att anamma forskningsresultaten eftersom en icke-person inte kan ha några problem. Problemen, eller utmaningarna om man ska använda mer moderna termer, finns bara för personen.

Också jag har insett att det inte finns något personligt själv. Det vi kallar för själv i den här traditionen är inte ett personligt själv utan snarare ett absolut själv – det eviga bestående självet som uppenbarar sig som obegränsat medvetande. Eller som jag hörde mig själv säga igår, som tystnad omformad som ljus.

Absolut frihet. Inget förflutet. Ingen framtid. Total lycka. Att dessa grundtankar inte tilltalar en del av er är något som jag måste acceptera. Det är er personliga historia, ert eget uråldriga program som verkar vara mer övertygande och attraktivt. Det är inte ens ert fel. Vem kan skylla en robot för hur den har programmerats? Även om jag inte är ett science fiction-fan vet jag att i den genren finns det robotar som är missnöjda med programmeringen och som strävar efter frihet. Nu när även robotar kan sträva efter frihet, varför ska du inte kunna göra det också? Det mest fördelaktiga med den mänskliga existensen är att man kan inse vem man är. Bonobon som är vår närmaste släkting efter schimpansen delar vårt genetiska arv med 98,4% och är främst inriktad på sex, inte frihet. Jag säger detta bara för att försäkra de Bonobor vi har bland besökarna att de kan slappna av – ni gör bara det era gener har programmerat er till att göra. De som framgångsrikt gått bortom dessa tendenser, de som efter tusentals år av kultiverande eller förnekande vänt sig bort från materiell säkerhet, kan eventuellt intressera sig för friheten.

För en individ kommer intresset ur lidande, för en annan ur glädje eller extas. Och vissa kanske inte ens förstår varför de dras till sanningen eller friheten, det bara sker. Oavsett hur din drivkraft, din bakgrund och din historia gestaltar sig, kan du använda dig av det vi kallar för *atma-vichara* som uppenbarar det sanna självet. Du kan ge efter för det som sker under *atma-vichara*. Eller låta det ske av sig själv. Med andra ord kapitulera. Kapitulera inför det gudomliga.

Jag är glad att vara här med dig. Jag skulle vilja få mer klarhet i tankarna. Jag har känslan av att mina tankar är lögner.

MADHUKAR: Vad för slags lögner?

Kanske mitt sinne tycker om att spela rollen som dotter.

MADHUKAR: Tydligen inte, jag ser att du gråter. Inte ens ditt sinne njuter av det här.

Att vara den snälla dottern som hjälper sin mamma och hennes familj – jag vill se igenom den rollen så att jag slipper spela den! Att ge min familj stöd får mig att må bra, men jag har känslan av att något inte står rätt till. Jag kommer ingenstans. Mitt sinne vill göra något som faktiskt inte går, men det kan heller inte släppa taget.

MADHUKAR: Vem är sinnet?

Mina tankar.

MADHUKAR: Men du gör dem levande.

Jag var inte medveten om att jag gjorde det. Det sker något just nu i min familj och det gör att jag känner mig osäker på var jag hör hemma, om jag borde lämna den eller fortsätta som jag har gjort.

MADHUKAR: Vad gör du i din familj?

Jag försöker hjälpa min mor.

MADHUKAR: Hur ser den hjälpen ut?

Den är känslomässig och finansiell.

MADHUKAR: Den finansiella hjälpen kan jag förstå. Du har ett bra jobb och tjänar tillräckligt för att kunna bistå din mor med pengar. Uppskattar din mor detta?

Ja.

MADHUKAR: Så då är det inga problem vad gäller den saken. Låt oss titta på den emotionella delen. Hur ser den ut?

Hon är alltid glad när jag kommer och besöker henne.

MADHUKAR: Gör det dig glad att besöka henne?

Ja.

MADHUKAR: Så vad är problemet?

Jag kan se att jag är för beroende av henne. Jag skulle vilja ta ett steg tillbaka och få lite distans. Jag borde släppa taget eftersom det känns som om det har blivit för mycket.

MADHUKAR: Kan du förklara detta för din mor?

Jag har redan sagt det men kanske inte tillräckligt tydligt.

MADHUKAR: Lev då ditt beslut tydligt. Det kommer att hjälpa din mor att få samma klarhet.

Det känns som att en del i mig inte vill släppa taget.

MADHUKAR: Gör till en vana att kommunicera öppet och ärligt med din mor, testa bara en gång och se vad som händer. Gå och besök henne när du känner att du behöver, och när du inte känner så, stanna hemma. Det vore det bästa. Jag har rest runt i världen i många år och mina föräldrar har inte ens vetat var jag har befunnit mig. De var tvungna att vänja sig vid det. Idag besöker jag dem oftare men för mina föräldrar är det fortfarande inte tillräckligt ofta. Men både dem och jag tycker om besöken. Vi har ett ärligt och uppriktigt förhållande, vilket är bra.

Lev äkta! Annars kommer du att lida, och andra kommer också att lida. Att vara avstängd och oklar är bara osanna sinneskonstellationer. Och sluta oroa dig så mycket för framtiden, den kommer tids nog. Var spontan. Belasta dig inte med framtiden.

Det betyder mycket att få höra dessa ord från dig. Tack.

MADHUKAR: Hälsa din mor från mig. Det viktigaste är kärleken du har i ditt hjärta, inte hur de yttre sakerna gestaltar sig.

Jag önskar få klarhet i vem jag är. Sedan jag mötte dig har mycket frid och klarhet kommit in i mitt liv. Men sammantaget upplever jag fortfarande stunder av förvirring och identifikation.

MADHUKAR: Det är helt normalt. När du förbinder dig med klarheten och riktar in dig emot ditt sanna själv, emot den eviga källan, så kan otaliga orenheter stiga upp. Det är inga problem. Men låt dig inte förgiftas av dessa orenheter. Jag tror nog att du kan se skillnad på blommor och sopor. Ett ärligt hjärta har den urskiljningsförmågan. Det lidande sinnet har det inte. Är det något som är oklart nu?

Nej. Tack.

MADHUKAR: Stanna i detta "tack". Slutresultatet finns redan i detta ord. Att känna tacksamhet är en underbar sak. När du tackar någon tar du del av detta underbara.

MADHUKAR: Ringde du din dotter igår?

Nej, jag kunde inte ringa henne igår.

MADHUKAR: Varför inte? Ring henne idag. Vad kan vara viktigare för dig än att ha ett bra och kärleksfullt förhållande till din dotter? Hur kan du skjuta upp en sådan sak? Har du inte lyckats se än att din dotter ber om din kärlek? Jag talade om det här redan igår. Vad var det som var viktigare att göra igår kväll? Äta middag?

Att äta middag var en del av det.

MADHUKAR: Ja, det var viktigare för dig. Din dotter är anorektiker och du lägger ett större värde i att äta än du gör på kärlek till din dotter. Människor är verkligen hårdhudade. Säg till din dotter: "Nu har jag en anledning att ringa dig. En man som heter Madhukar älskar dig, han älskar dig av hela sitt hjärta."

Hej, mitt namn är Joel. Jag känner till känslan av att bara kunna vara och njuta av det. Men nu ett tag har jag inte kunnat göra det. Jag har en sådan otrolig rastlöshet i mig och jag ser ingen utväg.

MADHUKAR: Lyckligtvis har du nu mött en expert på rastlöshet. Även jag led av denna sjukdom eftersom jag inte var tillfredsställd med allt som kom i min väg. Jag insåg att det finns något i dig, och i mig, ett medvetande som ser alla tankarna: begären, planerna, lusten och smärtan, glädjen och skräcken, alla aktiviteterna och förpliktelserna, de många besvikelserna.
Kan du känna igen detta?

Ja.

MADHUKAR: Så när du förvillar dig in i rastlösheten och flackandet i att vara här eller där, i att vara det här eller det där, är det nödvändigt att återvända igen och igen till medvetandet, till varat. Bara återvänd till själva medvetandet. Bli medveten om själva medvetandet.
I början kan det verka som att det görs en extra insats från dig, som om det vore en aktivitet, eftersom du först ställer om ditt rastlösa sinne. Sedan kommer det plötsligt att ske av sig själv eftersom du har känt igen dig själv som medvetande. Och då är du inte längre ett program, en produkt som kommer ur inbillningar och projektioner. Sri Ramana Maharshi såg att detta problem fanns hos alla människor och därför formulerade han den mycket effektiva frågan "vem är jag?". Han visste att alla är förlorade i sin person. För en del är det som en sövande dröm, och för dig var det en rastlös dröm. Faktum kvarstår att det var en dröm. Men vem är du?
Atma-vichara är som en yxa som hugger igenom alla inbillningar med ett enda hugg. Jag lägger denna yxa i dina händer. Och jag har gjort den knivskarp, du behöver inte vässa den själv. Men att använda den är upp till dig; jag kan inte tvinga dig att vara lycklig.

Jag ser ingen skillnad på dig och mig. Jag visste att det min mästare sa var sant och jag använde om och om igen gåvan han gett mig, trots all den smärta från alla besvikelser som den orsakade. Jag vet att det är möjligt även för dig. Jag använde *atma-vichara* under många år av mitt liv och framförallt i min mästares närvaro. Senare ställde jag frågor till honom som klargjorde mina sista tvivel. Men du har möjligheten att klargöra dina tvivel eller frågor nu meddetsamma. För det finns en angelägenhet i dig. Inte en angelägenhet som ska leda till stress utan till konsekvens. En beslutsamhet som skulle göra alla gott.

På senare tid har jag varit sysselsatt av min brist på tillit och den otroliga energi som går åt i att leva utan tillit. Det är en otrolig plåga. Men igår fick jag en föraning om hur det kan vara att leva i gudomlig tillit.

MADHUKAR: Vad var det som hände igår?

Jag deltog i en tystnadsritual tillsammans med några vänner där självtilliten skulle stärkas. Och det gjorde den. Men nu försvinner min tillit igen, och jag vill så gärna känna den känslan. Men då kommer alltid den lilla rösten, egot, som säger: "Jag vet ändå bättre."

MADHUKAR: Vet bättre än att ha tillit?

I slutänden är det egentligen samma gamla visa: att testa sin styrka gentemot guds.

MADHUKAR: Att testa sin styrka gentemot guds är minsann självsäkert. Det är bra att du är medveten om detta. Denna medvetenhet är din största chans.

Nu har du tre möjligheter: antingen vinner du mot gud, och då kan du styra hela världen, hela universum. Ingen tvekan att du skulle göra saker annorlunda, eller hur? I din allsmäktighet skulle du säkert börja med att ge dig själv glädje, kärlek och tillit. Den andra möjligheten är att du förlorar din styrka och blir galen eller sjuk och dör. Och vad är den tredje möjligheten?

Att låta gud vinna.

MADHUKAR: De flesta vill slåss och vinna eftersom de alltid vill ha mer pengar, mer makt, mer av allt. Men gud vill inte vinna, gud för inga strider. Utan det du kallar "gud" skulle du inte ens ha ett ego. Egot vill ha det bättre, men utan det gudomliga, utan varat, skulle du inte ens vara här. Tacksamhet är klokt, liksom ödmjukhet, och mod att erkänna att du skapar onödiga problem för dig själv med det här lilla egot. Det finns en outtömlig mystisk underbar kraft som gör det möjligt för dig att överhuvudtaget finnas till. Om du vet vem du är vet du också vem gud är. Och att det inte finns något att slåss för. Allt finns här. Detta är den heligaste av ritualer: att vara denna klarhet, denna sanning i varje sekund, i varje ögonblick, och att inte överlåta den åt de gamla välkända krigarna: tankarna och känslorna. I medvetenheten om att du är klarheten kommer du att se den mest mystiska ritual som existerar och som sker i varje ögonblick, nämligen universums skapelse.

När jag ser in i dina ögon känner jag stillhet och tystnad.

MADHUKAR: Det var precis det som räddade mig. Mitt liv var fyllt av så många lustar, och jag älskade känslan av säkerhet hos min mästare. Och om och om igen fann jag mig själv i desillusionens iskyla. I nattens förtvivlan, när ingenting längre tycktes vara sant eller ha något värde, vände jag mig till Papaji. I en hård verklighet, och när jag inte längre kunde hitta kärleken och friheten som är vårt sanna själv i objekten eller i mitt inre, då blev *atma-vichara* min sista räddning och bästa metod. *Vichara* är att vakna upp från varje dröm, till dess det har tydliggjorts bortom alla tvivel *vem som är.*

Kasta bort allt du har lärt dig, allt du har läst och trott vara sant.

Så det betyder att jag inte längre ska tro på de destruktiva tillstånd som uppstår i mig?

MADHUKAR: Varför skulle du? Som en intelligent människa kan du se att de har sitt ursprung i cellerna, generna och i dina livsupplevelser.

Det finns många modeller som försöker förklara detta. Inte ens forskarna kan säga exakt hur det sker. Var femte till tionde år tillkännages och hyllas en ny förklaring. Och alla modeller pekar slutligen på samma sak: att ingenting egentligen existerar.

En sak har jag lärt mig: Att tomheten är tystnaden och friden.

ATT FRÖJDAS I DEN FRIA VILJAN

Är det sant som Herakleitos sa att "allt flyter"? Eller borde vi istället säga att "allt är"? Eller är allt nytt i varje ögonblick?

MADHUKAR: Vem är det som ser det nya?

Jag är den fasta punkten som observerar flödet men jag är också en del av helheten.

MADHUKAR: Det här är filosofier som har existerat i tusentals år men bara ett fåtal människor har följt dem. Visdomsord som "jag är en del av helheten" kan numera köpas i hörnkiosken för en mindre summa pengar. Utmärkt! Jag ser inga problem med detta. Men är uttalandet till någon nytta för dig? Det är bättre att ta reda på vem det är som har denna idé om delar, om helheten och det som flyter? Var äger allt detta rum? Vem är jag? Detta är grundläggande eftersom denna fråga direkt leder dig ut ur din dröm. I varat har du inga problem, varken med det som flyter eller med det som är fixerat.

Och vem är det som återupptäcker jaget?

MADHUKAR: Om du försöker förstå detta begreppsmässigt skapar du ytterligare ett hinder. Även Herakleitos, antikens fysiker, utforskade tidens natur och sökte materiens innersta väsen och fysikens *logos*. Gå till botten med varats *logos* med hjälp av *atma-vichara*. Existentiell *vichara* avslöjar omedelbart en djupare dimension. Det som är på ytan, det som hela tiden förändras, kommer i slutänden att visa sig vara overkligt. Även jaget är overkligt. Du kommer att inse att det finns ett vittne som ser ditt skenbara jag.

Är det någon annan?

MADHUKAR: Kolla själv! Jag skulle bli glad om du gjorde det. Om någon sitter framför dig och berättar om hur det verkligen ligger till, kan det övertyga dig en stund. Jag skulle kunna upplysa dig om något men ljuset från denna upplysning kommer snart att förblekna. Många tycker det är bekvämt att låta någon annan blända dem med en filosofi.

Om någon stakar ut banan för dig på ett käckt andligt sätt i poetiska termer kan det verka upplyftande en kort stund men det kan inte ge äkta näring. Om du skulle ta tillvara den hjälp jag ger genom att tillämpa det, gärna kritiskt om du vill, kommer du att erfara något som verkligen är till stor hjälp och därutöver effektivt: smaken av det eviga varat.

Jag skulle vilja utveckla min fråga. Om jag har agerat på ett visst sätt som "jag", skulle jag kunnat ha agerat annorlunda?

MADHUKAR: Uppenbarligen inte. Du kunde inte ha agerat annorlunda. Det finns ingen fri vilja. Uppfattningen vi har om den fria viljan håller helt enkelt inte. Men på grund av vår programmering, vår så kallade självbild, tror vi att vi har en fri vilja. Hjärnforskare som Gerhard Roth och Wolf Singer skulle säga att handlingar som utförs på grund av den agerandes vilja beror på neurologiska processer och inte tvärtom. Neurofilosofen Metzinger för fram urgammal kunskap till den moderna vetenskapen: att samtliga tankar som du någonsin kommer att tänka bestäms av universums föregående tillstånd, i varje enskilt fall.

Men även om jag vet att det inte finns någon fri vilja kan jag agera som om den fanns. Det måste trots allt vara förutbestämt. Det kan också vara kul och avslappnande. Och om jag skulle bli galen, till exempel på grund av den här insikten, så skulle även det vara förutbestämt. Så vad är problemet? Det bästa vore att inte göra alltför stort väsen av det. Fortsätt lugnt att leva så som du vill. När du går ut genom dörren och tänker att du måste ta åt höger, ta då åt höger. Din tanke bestämmer att du ska ta åt höger för att komma någonstans. Men, ibland kommer du att ta åt vänster. Du vet själv inte varför. Det bara sker. Sedan ser du att något viktigt, eller oviktigt väntar på dig där. Sammanträffanden är saker som sammanfaller med vår vilja. Faktum är att alla som är här har tagit åt vänster, höger, upp, ner, och vi är alla här nu. Fri vilja eller inte, vi är här! Om du räds denna sanning att det inte finns någon fri vilja, fortsätt då att övertyga dig själv om att du har fri vilja, en vilja som är helt och hållet fri, och lev enligt den tron. Sinnet har enormt kreativa krafter. Hela universum skapas av sinnet. Därför är det också möjligt att du med din vilja kan skapa förhållanden som tilltalar dig i ditt liv ... åtminstone en tid. Av den anledningen är det som sprids av amerikanska andliga lärare – att man kan skapa sin egen verklighet – ibland överraskande effektivt, för en tid. Men du har ingen kontroll om det kommer att göra dig lycklig. Hur slutar det oftast? I elände!

Mitt råd till dig är att du tar reda på vem du är. Då kommer du att vara tillfreds med allt som sker. Detta betyder inte att du inte kan påverka ditt liv. Du kommer att kunna leva med det du föredrar – personen och hens program får fortsätta. När saker inte är så som du vill att de ska vara kommer du att kunna acceptera det också. Annars: Hej då!

Gläd dig åt det! Det är alltid det bästa, att glädjas. Att glädjas är attraktivt!

När jag får en impuls om att jag ska agera på något eller skapa något, hur skiljer jag på om det kommer från mitt sinne eller från varat?

MADHUKAR: Allt är förankrat i varat. Verkligen allt. Ta reda på vem som är, oavsett om det verkar dåligt eller bra.

Gällande det som bildar sinnet skiljer man inom indisk filosofi på de fem inre organen *(antahkaranas)*: kunskap *(jnana)*, sinne *(manas)*, intellekt *(buddhi)*, minne *(chitta)* och ego *(ahamkara)*. Sri Ramana säger att samtliga kommer från hjärtat *(hridayam)*, som är den ursprungliga jag-tanken.

Men du verkar mer intresserad av att skapa, att skapa det sinnet vill. Det intresserar dig mer än att ta reda på vem du är. Om du upptäcker i vad eller i vem sinnet utspelar sig kan du låta sinnets potential göra sitt kreativa arbete medan du förblir dig själv, och festar på sinnets frukter. Det vore bättre än att hela tiden vara upptagen med aktiviteter, med att bearbeta svårigheter och kämpa och oroa sig för om jobbet du gör kommer att ge det förväntade resultatet. Om det ligger i din natur att ägna dig åt skapande, förbli då sann emot detta, eftersom allt annat skulle vara onaturligt. Agera på din medfödda förmåga och var medveten om vad det är du vill. Vad vill du uppnå med din fria vilja? Använder du din fria vilja för att uppnå frihet eller för att skapa något annat som du fäster din glädje på?

När jag ser skapandet som något jag själv gör får jag en underliggande känsla av att jag kanske försätter mig själv i fara genom att falla tillbaka i sömn.

MADHUKAR: Nej, det är för sent för det, du kan aldrig mer falla in i en djup sömn! Men tyvärr är en halvsömn fortfarande möjlig.

Jag blev omskakad i mitt innersta när Ramesh Balsekar sa att allt redan är förutbestämt, även tankarna som jag kommer att tänka under hela mitt liv. Om detta är sant har jag ingen som helst frihet.

MADHUKAR: Varför har du ingen frihet? Möjligen är det sant för honom att han inte har någon frihet men vem har sagt att det är sant för dig? Att det inte finns någon fri vilja är en central del i Ramesh Balsekars lära.

Men du har ju också nyss sagt att det inte finns någon fri vilja.

MADHUKAR: Det är riktigt, men jag har inga problem med denna vilja om man använder den till att ta reda på vem man är. Allt som spelar roll för mig är att befria människor från stress och rädsla. En lärare borde inte sprida rädsla.

Det är sant att det Ramesh lärde ut ibland ger mig stor stress och rädsla.

MADHUKAR: Aha, och ibland kan detta vara användbart. Jag stressar också en del människor, men i ditt fall garanterar jag dig total frihet. Använd ditt förstånd om du verkligen har intresse för frid och frihet. Om det är sant är något som bara du vet. Kom till klarhet om det verkligen var du själv som var omskakad eller ifall det bara var ditt sinne som engagerade sig i sin önskan att skapa. Vem var omskakad? Låt ditt sinne bli omskakat. Du är djupare, renare och sannare än sinnet. Den du verkligen är kan inte bli omskakad.

Och då tänker jag: Och sedan då? Vad gör jag sedan? Hur blir det nu?

MADHUKAR: Hittills har det varit så att bilder och meningar uppstod i ditt sinne när du ställde dessa frågor. Men eftersom de inte är bestående kan vi utgå ifrån att de inte representerar den slutgiltiga sanningen. Därför fortsätter du att ställa frågan tills du är nöjd med svaret. Svaret kommer inte att dyka upp som en tankeform. Det mystiska kan inte uttryckas, som filosofen Wittgenstein påpekade.

I början kan *atma-vichara* med "vem är jag?" kanske se ut som en retorisk fråga, men förr eller senare kommer frågan att ställas ordentligt, inte i det förflutna eller i framtiden! Allt som din hjärna presenterar för dig representerar det förflutna.

Jag har förstått det intellektuellt, men ...

MADHUKAR: Bra! Intellektuell förståelse är användbar ibland, var tacksam att du har den. Men du får inte förbise grunden för varat där den intellektuella aktiviteten sker. Hittills har du riktat din uppmärksamhet mot dina tankar, inte till ditt sanna vara. Du är det du föredrar att se, det du söker. Du söker efter bilder i ditt sinne eller efter en händelse som är acceptabel. Om du skulle uppleva ett ljus, om himmelska körer skulle börja sjunga, skulle det troligen räcka som bevis på att du har anlänt. Saker kan bli ännu mer komplicerade eftersom du verkligen skulle kunna höra dessa himmelska körer och ändå kanske bara vara en andlig galning. Det är självklart glädjande om man efter många år av andliga utövningar med mer eller mindre frustrerande resultat plötsligt ser några skinande ljus när man mediterar, och hör änglar som sjunger.

Men om du verkligen söker sanningen kan du inte nöja dig med sådant, eftersom sådana upplevelser tillhör kroppen och sinnet. I *satsang* riktar vi in oss själva på sanningen, och om detta krav på sanning brinner i dig också, då har du kommit till rätt ställe.

Jag vet inte helt säkert.

MADHUKAR: Okej, det spelar egentligen ingen roll om du inte vet säkert. Uppenbarligen finns det en önskan hos dig. Du kan fråga: "Vill jag verkligen vara fri? Eller vill jag bara ha en viss upplevelse, en av de många jag läst om i *yoga-* och zenböckerna?"

Det är även min upplevelse att det inte leder till sanningen.

MADHUKAR: Men de ger dig i alla fall drivkraften att söka efter den äkta sanningen, efter mer permanent lycka. Annars hade du varit nöjd med det ditt liv har gett dig och det du har skapat. Men i slutänden har det inte lett till sann tillfredsställelse. Miljoner människor nöjer sig med röran de bor i. Några av dem kanske till och med är glada. Det är bara det att jag inte har träffat dem. Vi kan inte utesluta möjligheten att sådana människor existerar, glada människor. Men det som är viktigt för dig, och som också var viktigt för mig, är att du inte är nöjd. Även efter en sådan händelse som vi kallar upplysning – *samadhi-* eller *kundalini*-uppvaknande – händelser vars beskrivningar skulle kunna fylla en hel bok, upplevde jag ändå inte tillfredsställelse. Jag kunde inte nöja mig med denna erfarenhet eftersom det inte var absolut sanning. Många av lärarna som talar om sin upplysning har inte insett den yttersta sanningen. De skulle behöva titta närmare på vad som är nu.

Sinnet far alltid hit eller dit.

MADHUKAR: Så låt sinnet gå dit det vill. Du observerar det. Det betyder inte att du måste följa det. Låt det bara passera. Sinnet är en apa som hoppar runt i universum på jakt efter bananer och vackra solnedgångar, som gläds i att bli omhändertagen och att få lössen bortplockade ur pälsen. Du är sanningen, friden, friheten och kärleken. Om du låter apan vara din drottning är det du som blir apan! Inse vad du är i verkligheten. Detta går mycket djupare än hoppen och skutten som sinnet gör när det önskar sig något här, gör en jämförelse där och så ofta är otillfredsställt. Insikten kan bara komma nu, inte i morgon, inte om ett eller tio år. Nej, alltid bara nu.

Jag ger dig rådet att om och om igen återvända till ditt sanna själv och, utan att ha en plan, titta och se vad som händer. Kanske du kommer att få se några fyrverkerier, några ljus, men låt inte det avskräcka eller vilseleda dig. Först då kommer det jag sa tidigare att bekräftas: "Det finns inget att göra."

Att ha en klar inriktning – att sanningen finns och är inneboende i nuet – är oerhört viktigt. Det är avgörande. Annars kommer du att smida planer för ett års meditationspraktiker, tre års mystikstudier följt av sju år i Tibet och till sist möter du din själsfrände. Och efter att ni skaffat barn och köpt ett hus i skogen, då, då, då ... slösa inte bort någon tid till sådana tankar!

Om mitt förstånd hade erbjudit mig denna sorts mentala gulasch hade jag helt enkelt svarat: "Nej tack. Jag är vegetarian."

En sann mästare vill se dig fri. Nu.

Hur kan man leva i glädje med ett ständigt leende på läpparna? Jag har känt detta leende oavbrutet hela den här retreaten. Men nu undrar jag hur människor kommer att reagera på det. Ibland vill människor helt enkelt inte att man ler.

MADHUKAR: Verkligen?

De kommer förmodligen att fråga vad det är för fel på mig. Men det betyder inte att jag vill ge upp leendet. Finns det alltid med dig? Varje dag? Eller finns det stunder när det kommer och går eller kommer det bara i satsang?

MADHUKAR: Fråga dem som är omkring mig, de måste ha sett det. Jag ser det inte själv.

Känner man leendet på insidan? Jag känner hela tiden hur mina mungipor dras uppåt.

MADHUKAR: Är det en trevlig känsla?

Ja. Om det är trevligt eller tröttsamt om det pågår länge är något jag inte vet än. Men jag är heller inte så van vid det. Kanske musklerna blir starkare med tiden.

MADHUKAR: Men dessa tankar som du har, att andra människor kan ha problem med ditt leende, de har inte sitt ursprung i själva leendet, eller hur?

Nej, de kommer eftersom andra inte ler. Många har jobbiga dagar och därför tror jag att de kanske tycker det är otrevligt om jag ler.

MADHUKAR: Det kan stämma för en del människor men andra kan smittas av ditt leende. Det är fullt möjligt att denna frid kommer att spridas.

Det är en underbar tanke.

MADHUKAR: Men låt mig försäkra dig att även jag kan bli arg.

Är ilska något du konfronteras med eller är det något du känner inombords?

MADHUKAR: Det är något jag frigör. Ilskan ökar bara nåden för mänskligheten. Sluta oroa dig för vad andra tycker. Vilket slöseri! Vill du slösa bort ditt liv med sådana funderingar?

Nej, självfallet inte.

MADHUKAR: Hur många årtionden har vi spenderat på det här? Om vi multiplicerar åren med alla människor som sitter här blir det tusentals år. Bara på grund av ett osäkert sinne.
Det har inget att göra med hur ditt ansiktsuttryck ser ut, om du ler eller inte. Det handlar om din frid, dig själv. Det är så oerhört

underbart att vara här i *satsang*. Kärleken från andra människor och friden här är så ljuvlig. Det är därför jag ler.

Tack. Nu kan jag inte hjälpa att också le.

MADHUKAR: Jag är övertygad om att ett leende bara kan välkomnas av din omgivning.

Tack för att du låter mig uppleva detta så innerligt.

[Besökaren sitter i rullstol] Ska jag komma fram? Jag trycker på gaspedalen.

MADHUKAR: Välkommen.

Varför har jag dessa fysiska hinder?

MADHUKAR: Vilka hinder?

Ibland har jag problem med att gå och att tala. Beror det på en underliggande orsak som måste lösas upp? Kan en mästare hjälpa mig med detta?

MADHUKAR: Att gå eller att tala är inte det viktigaste. Det viktigaste är att finna friden, den du är. Friden är här. Tystnaden är överlägsen talet och hjärtats dans är mer värdefullt än att kunna gå.

INGEN, TOMHET, INGENTING

MADHUKAR: En sak som är säker är att essensen är, så det är också säkert att din essens vet vem du är. Men eftersom du följer det ditt sinne säger och identifierar dig med det, klänger du dig också fast i sinnets olika tillstånd och tror att du är det du känner. Det är otroligt att en gudomlig varelse kan känna sig som en slav, vara beroende av andras bedömningar och tyngas av barndomsupplevelser! Om du har modet att utforska din sanna natur kommer allt detta att försvinna för dig.

Jag upplever stunder av tystnad. Men så kommer det olika tillstånd som liksom tar över. Det skapar förvirring i mig.

MADHUKAR: Förvirringen kommer eftersom du inte har klargjort bortom alla tvivel vem du är. Både frid och rädsla visar sig för dig, och du vet inte vad sanningen är. Sinnet skapar en verklighet som egentligen inte är verklig, vilket gör att vi lider. Känslor är så tjurigt beständiga att vi låter dem forma oss. Av det skälet är det avgörande att du tvivellöst använder dig av *atma-vichara* för att etablera din verkliga identitet bortom alla tvivel!

Jag säljer varken övningar eller filosofier. Jag erbjuder dig ingenting, inte en ny filosofi eller en ny tro eftersom dessa förr eller senare tynar bort; på samma sätt som kärleken i ett förhållande måste tyna bort när du inte vet vem du är. Papaji försökte aldrig ändra på mig.

Han behandlade mig heller inte illa med olika idéer eller världså-skådningar.

För de flesta människor är friheten inte det väsentliga. När jag besökte *ashrams* fann jag att även de personer jag upplevde som mer eller mindre närvarande, erkände när jag frågade dem att de egentligen inte sökte friheten. Deras prioriteringar var uppenbara. Jag är säker på att du känner till paletten för mänskliga självbedrägerier. Om du lurar dig själv och bara hävdar att du är intresserad att bli fri är det högst osannolikt att Det kommer att avslöja sig. Religiösa människor tror att det gudomliga kommer om de bara lägger sig an med en viss attityd och följer olika bud och regler. Det fungerar inte så. Självet kommer att hitta dig när du ägnar dig åt sanningen med ett rent hjärta; sanningen behöver din persons äkthet.

Det handlar inte om din personlighet som sådan. Ändå är det bara den du har ägnat dig åt. Sanningen föraktar all falskhet och allt hyckleri. Utan äkthet – inget uppvaknande! Att upprätthålla en andlig image kan bli som en drog men det räcker inte för frihet.

Ibland kan jag känna att jag blir omotiverad att fortsätta leva i tomheten.

MADHUKAR: Nej, detta är ett missförstånd. Det är inte tomheten du syftar på utan snarare din lust att vara lat. Tomheten är mycket kraftfull. *Atma-vichara* via sinnet resulterar alltid i tusentals motsägelser. Utöver detta har sinnet den farliga tendensen att tillgodose sin vilja.

Du har inte använt ditt sinnes kapacitet för att uppnå lycka. Sinnet rör sig alltid i tvåfaldighet. Använd det för de vardagliga uppgifterna. Där kan det vara till nytta för dig. Använd det som en vän och en hjälpare. Om du är snäll mot sinnet kommer det att vara villigt att tjäna dig. Men om du ständigt kämpar mot ditt sinne blir det ett krig. Då är det bättre att använda *atma-vichara* och fråga: "Vem är jag?" Ställ frågan till dig själv i denna stund. Tillämpa frågan här och nu och berätta vad som händer.

Det finns en närvaro som förnimmer.

MADHUKAR: Och vem uppfattar detta förnimmande? Du måste få fokus omedelbart, annars slösar du bort din tid. Hela ditt liv har du sett företeelser – hela tiden, oavbrutet, år efter år, i decennium. Se därför nu, titta direkt! Vem förnimmer?

Ingen.

MADHUKAR: Är det ett problem med detta ingenmansland?

Nej.

MADHUKAR: Behåll detta fokus för det är sann närvaro! Du måste vara ganska dåraktig för att inte tycka det är attraktivt.

Avsluta lidandets cykel. Avsluta det genast och håll fast vid det!

Vad kan jag göra för att inte glömma lugnet jag känner just nu?

MADHUKAR: Eftersom ett oroligt sinne återkommer och hälsar på dig måste du dra dig tillbaka djupt in i ditt hjärta. Ditt hjärta har en urtida tillit som är djupare än all yttre påverkan, djupare än allt du upplevt i ditt liv. *Satsang* kan beröra detta i dig. Denna uråldriga tillit är djupare än någonting annat. Den fanns till och med innan din kropp. Det är därför som vi i *satsang* inte är intresserade av mentala tillstånd utan istället förblir *här* – i en rymd som föregår all påverkan.

Slösa inte bort din tid på tankar. Kom ihåg att djupt i ditt inre finns kärleken.

En äldre dam från Hamburg skrev till mig: "Älskade Madhukar. Tack för kärleken jag fick uppleva genom dig. Tack för din kärleksfulla omtanke. Vågor av kärlek och värme fortsätter att strömma i mig. Saker som brukade hetsa upp mig eller skapa ilska besvärar mig inte det minsta längre. Tack för friden. Den har gjort mitt liv enklare och vackrare. Jag ville säga detta till dig personligen under retreaten men jag missade chansen, och ofta blir jag mållös och vill inte gärna tala. Jag känner mig så dragen till dig och ser fram emot vår nästa träff. I kärlek, Christa."

Jag låter rädsla ta överhanden och sedan tappar jag kontrollen.

MADHUKAR: Varje ögonblick skulle någon kunna överfalla dig. Är det den sortens rädsla?

Ja. Den bara växer och växer.

MADHUKAR: Jag skulle kalla det "fruktan". Man kallar den emellertid "rädsla".

En tanke leder till nästa. De breder ut sig.

MADHUKAR: Var är du medan dessa tankar breder ut sig?

När det sker tänker jag att jag är tankarna. Det är mycket smärtsamt. Det känns som om jag inte längre har någon kraft. Till och med att fråga vem jag är verkar absurt i den stunden. Jag har inte kraften.

MADHUKAR: Tillåt inte dina tankar att få övertaget! När den ena tanken leder till den andra är det dags att vakna upp. Första tanken är "jag"; först finns tystnaden, sedan kommer den första tanken "jag" som är det första förfallet. Varje morgon vaknar du upp och plötsligt finns du här och världen blir till.

Det är inte så lätt att se det.

MADHUKAR: Det finns en naturlig kropp-sinne-reaktion på rädsla, som är skräck. Vilket är bra och som kan rädda ditt liv i vissa situationer. Om till exempel en bil håller på att köra över dig eller om någon tänker råna dig kan din rädsla hjälpa dig genom att snabbt reagera. Det här är en reaktion som har sitt ursprung från stäppen och skogarna – det är inget fel med det. Men den rädsla du talar om är onaturlig. Den har sitt ursprung i en så kallad civilisation. Det verkar absurt för dig att fråga dig vem du är, men det slår dig inte att denna rädsla är absurd?

Det är en automatisk reaktion.

MADHUKAR: Jag förstår. Det är också en följd av en aggressiv energi som finns i samhället. Lyckligtvis är inte rädsla det enda som finns mellan människor – det finns också vänskap och samhörighet. Förvisso blossar en blytung rädsla upp ibland, vilket skapar en ohälsosam atmosfär. Men du kan i varje ögonblick se om det verkligen är sant.
Vad betyder frihet för dig?

Att inte längre känna mig som en slav under mina tankar.

MADHUKAR: Då måste du granska kedjorna som håller dig fast och håller dig nere. Visa mig kedjorna.

De är tankemönster. Jag har närt dem väl.

MADHUKAR: Lösa antaganden, inget annat än idéer, polerade att skina.

Nu kan jag se det, nu kan jag se att kedjorna finns där.

Redan för tusen år sedan såg Epikuros att villkoret för glädje är att övervinna smärta och rädsla. För honom var glädjen livets syfte. Epikuros är inte intresserad av hedonism utan av en mer storslagen idé om en innerlig glädje som kommer inifrån, det som kallas *eudaimonia*. Epikuros personliga etik krävde "lugn och ro i en samling med vänner". Även inom *tantra* upptäcker man att sensuella upplevelser har en renhet och lycksalighet inneboende i sig.

Är det okej att tro på återfödelse?

MADHUKAR: Att tro på återfödelse är inte nödvändigt, det är bara delvis sant och är något som förståndet diktat upp. När du vet vem du är bortfaller egots desperation inför tanken på sitt eget försvinnande.

Är det riktigt att det bara är det som finns i minnet som återföds och att det därför är möjligt att ibland komma ihåg tidigare liv?

MADHUKAR: Det är möjligt att komma ihåg tidigare liv på samma sätt som du kommer ihåg en dröm men det betyder inte att drömmen är verklig. Om du drömde igår att du lever i ett annat land, betyder det att det är sant idag? Nej. Bara i drömmens verklighet. Återfödelse kan existera i en sådan verklighet men i den absoluta verkligheten existerar den inte. Och för någon som lever i strävan efter sanningen finns det inget som helst behov att bekymra sig om detta.

Betyder det att man i princip inte kan göra några framsteg?

MADHUKAR: I grund och botten nej. Men vårt förstånd säger att framsteg måste finnas. Allt beror på hur vi definierar framsteg. Om du har bott i ett studentkvarter utan dusch är det ett framsteg när du flyttar till en lägenhet med badkar och dusch. Men rör detta ditt själv? Nej. Självet tar aldrig en dusch, självet är källan till allt som sker.

Que sera sera.

I populära tidskrifter läser jag fler och fler artiklar om kriser som vår värld står inför idag. Särskilt intressant var nyheten att världen består av sex miljarder icke-personer.

MADHUKAR: Huvudtesen hos dagens forskare som studerar medvetandet är att det inte finns någon jag-kärna inuti människorna. En av de främsta försvararna till denna teori är professor Thomas Metzinger, en filosof som specialiserat sig på studier om medvetandet. Han påstår att ingen någonsin har varit eller har haft ett själv. Jag håller med om detta, men jag skulle vilja förfina hans citat och säga att ingen någonsin har haft ett *personligt* själv. Och i och med det kan vi avsluta människans nästan tretusen år långa sökande efter ett jag.

Metzinger säger att det vi tror vi är baseras på samarbetet mellan hundratals miljarder nervceller i hjärnan, noder som förbinder nervfibrerna. Vilket betyder att hjärnan bara jobbar med verklighetsmodeller och kroppen. Dessa modeller är inget annat än sinnesförnimmelser via nervbanor som vi inte är kapabla att känna igen som just sådana. Modellerna växelverkar inte med någon materiell substans, inte med något ting, inte med en enda neuron – inget du kan sätta ett finger på. De är bara ett intelligent sätt att organisera informationsflödet på. Eftersom vi kontinuerligt förväxlar oss med modellerna, med bilderna som hjärnan producerar i det vakna tillståndet tycker vi att vårt jag är verkligt.

Tänkare, framför allt vediska och buddhistiska filosofer och mystiker, som Shankara och Nagarjuna, nådde redan tidigare liknande slutsatser. Mäster Eckhart och Teresa av Ávila, medeltida kristna mystiker, levde i *Unio Mystica* (den mystiska unionen). Mäster Eckhart fick insikt om en gudomlig verklighet som han kallade "är-het".

En mästare tömmer sinnet och fyller hjärtat.

Jag känner skuld i att jag tror jag har förälskat mig i dig.

MADHUKAR: Det är fullt naturligt att ha kärlek till en mästare och bli kär. Rent medvetande är mycket erotiskt. Det var samma sak med Krishna. "Krish" betyder "attraktion": Krishna – den attraktiva. Så att känna attraktion är fullt normalt.

Jag älskar också min mästare. Han var åttiofyra år och hela *sanghan* kände sig knäsvag i hans närvaro. Man skulle till och med kunna säga att det fanns en slags erotisk attraktion, även om inte det var huvudsyftet. Även Krishna använde erotisk attraktion för att dansa med alla *gopis*. Han spelade på sin flöjt och på natten smög kvinnorna iväg från sina män i hemlighet för att dansa med honom. Och i dansens spår hände underbara saker – självförverkligandets överföring. Om det tvåfaldiga sinnet fortsätter att vandra fram och tillbaka mellan attraktionskänslor och skuldkänslor missar du det mest väsentliga. Att sitta styv som en pokerspelare och babbla om kärlek går inte ihop. Kvinnor ålade sig på golvet framför Papaji och ibland slogs och fräste de mot varandra med klösfingrar. Och när någon ville gå emellan för att sära på dem hörde de en stark stämma: "Låt dem vara! Låt dem slåss!"

Vad är det för fel med detta om kärleken blommar i dig?

När någon med ett rent hjärta ropar efter hjälp kommer alltid mästaren. Det är en kosmisk lag. Formen den tar kan inte förutbestämmas. Det kan vara i en dröm eller i en slags vision, i det formlösa hjärtat eller i kött och blod. Hans ankomst är lag.

När jag befinner mig här verkar allt så klart för mig. Här känner jag varat och essensen. Men i min vardag glider det ur händerna på mig.

MADHUKAR: Jag tror dig inte.

Jag vet att essensen finns där men jag kan inte känna den. Jag ägnar mig istället åt tankar om vad som ska hända och det som varit.

MADHUKAR: Så då måste det vara bättre för dig.

Det är inte bättre. Mitt sinne skulle hellre vilja ha en metod som hjälper mig att förbli medveten om essensen i min vardag.

MADHUKAR: Ditt sinne – den konstanta tankeströmmen – skapar ständigt en uttrycksfull filosofi som inte alltid är så glamorös. Sinnet har ett behov av en metod eftersom det vill fortsätta att vara ansvarigt och därför måste det lura dig. Sinnet vill både föreslå och tillbakavisa. Detta behagar sinnet. Din önskan om att helt enkelt bara vara *här* och vara lycklig utan sinnet ser sinnet som ett betydande hot.

Du har möjligheten att här och nu göra *satsang* till din vardag. På så sätt kan du alltid vara lycklig. Då och då kan du återvända och förlora dig i ditt "gamla" vardagsliv, för att få lite lättnad från all denna lycksalighet.

Efter tusentals år av andliga och religiösa metoder är vi tvungna att erkänna att metoder är ganska bra och faktiskt nödvändiga för att behålla världens olika kulturer. Men om du vill vara helt och hållet fri är de inte nödvändiga överhuvudtaget. En religiöst andlig person kommer aldrig att vakna upp. Metoder är en form av förskjutande, ett sätt att fördröja sitt uppvaknande.

Det kan vara jobbigt att få höra detta men metoder är helt överflödiga eftersom du redan är fri. Du bara *föreställer* dig ditt fängelse. En del av ditt sinne har blivit "andligt" och planerar nu: "Jag ska göra så och så under en så och så lång tid för att uppnå det här eller det där tillståndet." I ditt fall är det ett hopkok från alla böckerna du har läst, ihop med alla dina andliga upplevelser; en mix från Buddha, Kristus och Shiva, tillsammans med några rökelsestickor att kasta i mixern.

Exakt vad det är du föreställer dig beror på var du kommer ifrån. Jag vet inte hur din föreställning om frihet ser ut. Det bästa är att vakna upp i det här ögonblicket. Nu, i den här stunden inbillar jag mig inte hur den här vindruvan smakar [Madhukar stoppar en vindruva i sin mun]. Jag är förvånad över hur sött den smakar.

Jag är rädd för det som är ingenting.

MADHUKAR: *Shunyata* som på sanskrit betyder "tomhet" är positivt för de flesta. Men det gäller bara för människor som bor på östra halvklotet. I vår kultur i väst har tomhet en negativ klang: ingenting, mörker, rädsla. Och det är anledningen till att vi ständigt fortsätter att jaga efter materiella saker eller andra människor, för att springa bort från den skenbara tomheten som vi känner vagt. Vi tror att endast något annat kan göra oss lyckliga. Det är bara det att vi inte vet exakt vad. Vi förstår inte varför vi inte är helt nöjda med de saker vi äger, den partner vi är tillsammans med eller dem vi umgås med. Vi är konstant upptagna med att söka oss bort från vår egen inre tomhet.

Låt oss ta en titt på den här tomheten. Är det verklighet tomhet, eller är tomhet bara ännu ett begrepp? Är det verkligen så skrämmande som vi föreställer oss? Måste vi omedelbart röra oss bort från den på grund av rädsla, eller kan vi falla djupare, och anlända? Eller till och med helt stanna, här och nu? Av den anledningen råder jag dig att utöva *atma-vichara* även i din vardag. Inte som en övning utan för att vakna i medvetandet.

En del människor hävdar att det som var negativt i deras liv gav dem drivkraften att vakna upp. Men de allra flesta strävar efter en lycka som slutligen visar sig vara en illusion.

Här har vi ett rum fullt med kärleksfulla snälla människor. Varför har ni kommit hit? För att vara lyckliga under den här stunden eller för att vakna upp? De flesta andliga metoderna, så som andningstekniker eller fysiska övningar, sätter igång processer i kroppen som kan ge en känsla av lycka. Men problemet är att detta bara är ett tillfälligt fenomen som snart försvinner igen. När ni slutar använda er av den aktuella metoden försvinner lyckan. Så ni måste fortsätta göra något för att vara lyckliga och för mig är detta oacceptabelt. Ni behöver inte göra något för att vara ett sant själv.

Jag var tidigare *yoga*-lärare och enligt vad jag visste då lärde jag ut *yoga* i en god tro. Jag ville ge människor något samtidigt som det var kul. Jag älskar fysisk aktivitet. Att utöva och undervisa i *yoga* gjorde mig och mina elever väl; jag mådde bättre, de lärde sig något och kände sig piggare. Men i själva verket bedrog jag dem genom min okunskap om det absoluta, för det är inte ett måste att praktisera *yoga* för att vakna upp.

Miljontals människor slösar bort sin tid på "andlighet", även om det är friheten de vill ha. Om det är en känsla av gemenskap du vill ha, om du känner att du vill sjunga eller utföra vissa övningar ihop med andra människor, om du har intresse av att få änglavisioner, se ufon, rikta om energier med hjälp av kristaller – då är det din sak, men det har ingenting med friheten att göra.

Filosofier är tomma skal. Verklig näring ges av mästaren.

Fortsätt att leva ditt liv på ditt sätt. Gör vad du vill och bry dig inte vad dina grannar tycker om dig. Lev inte dina grannars liv. Bara *var* och gör det som får dig att må bra, det du tycker om. Undvik andliga hycklare.

Varför har det sanna självet låtit sig svepas in i dunkel och missförstånd överhuvudtaget? Allt detta måste ha haft sin början någon gång.

MADHUKAR: Kanske för miljarder år sedan.

Men varför?

MADHUKAR: Självet befann sig i en sådan Enhet att det var uttråkat. Det var så tillfredsställt i sig själv att det sa: "Låt mig tänka lite över livet." Och BAM! så uppstod universum. Och det har fortsatt att utveckla sig under 13,7 miljarder år.

Men hur är det möjligt att självet skulle bli uttråkat? Jag förstår det inte.

MADHUKAR: Inte jag heller. Jag vill inte övertala dig att acceptera en spekulativ förklaring. I mitt fall var det konkret. Jag led. Jag var ensam, trots att jag bodde i en stad som var full av vackra kanaler och kände massvis med hippt folk. Jag var frustrerad, missnöjd med min glädje och med skönheten i livet. Jag hade sökt efter livets mening i hela mitt liv och kände mig ofta avskuren från andra människor.

Så mitt problem var ganska konkret. Därför påbörjade jag en andlig resa. Flera år senare började jag söka efter sanningen i kraft av *atma-vichara* genom att klargöra: "Vad är frihet? Vem är jag?" När jag kom till nuet försvann den sortens frågeställningar eftersom det finns ett överflöd här. För mig är det helt ointressant varför allt anses ha uppkommit för miljarder år sedan. Vad rör det mig? Början är nu! Friden är nu! Men du är intresserad av detta eftersom du inte vill se vem du verkligen är. Smarta personer, och du är en av dem, har försökt att förklara världen och universum. Sedan urminnes tider har de försökt genom att fråga "varför?". Men denna fråga leder bort från dig själv. Bara "vem är jag?" leder tillbaka till dig själv. Det bästa svaret du kan finna är: Jag är. Alla andra frågor om gud och universum tar hand om sig själva. Frågor uppkommer ur självet och tonar sedan bort i det. Jag är väldigt tacksam och ser livet som underbart, och jag känner även respekt för galenskapen jag har genomlevt. Även jag åkte lidandets och glädjens berg och dalbana. Både smärta och extas fanns där – den största besvikelsen och den mest himmelska njutning.

Att ha insikt är enkelt. Bevis för det som är ingenting behövs inte. När väl insikten om varat infallit kan livet levas pragmatiskt. Ändå är vetenskapliga upptäckter fascinerande. Visste ni att materiens volym till 99.999999999999 procent består av tomrum? Om man tog bort tomrummet mellan atomerna hos alla människor skulle man kunna klämma in hela mänskligheten i en kub stor som sex tumnaglar.

Är sporter något som ni intresserar er för i er mästarlinje?

MADHUKAR: Både jag och Papaji gillar sporter. Inte Ramana så mycket, även om han sysslade med sporter som grabb. För mig har det utvecklats så att den här morgonen kom hela Eintracht Frankfurts fotbollslag inklusive tränaren till mitt hotell för att be om min välsignelse.

Du skojar?

MADHUKAR: Inte alls! De ska spela här på Waldstadion.

Det verkar som om de kunde behöva den hjälpen.

MADHUKAR: Ja, men de har gjort bättre ifrån sig på senare tid. *Det är sant.*

[Det visade sig senare att den här besökaren var en affärsman. Eintracht Frankfurt vann emot Gelsenkirchen-Schalke med otroliga 6-0!]

I forntida buddhism refererar termen "tom" fortfarande uteslutande till en person, ett väsen utan ett varaktigt själv. Begreppet om ett själv, som människor tror är konstant och separat, är snarare en uppfattning om en "extra anordning" och som kan genomskådas med hjälp av meditativa insikter och uppmärksamhet.

Den indiske mystikern Nagarjuna som älskade att debattera funderade 800 år tidigare i detalj ut begreppet om tomheten. I sina Prajnaparamita-skrifter, till exempel Mahayanas hjärt-*sutra*, är begreppet om tomheten, *shunyata,* delvis ändrat; det är inte bara människans center – föreställningen om en person – som är tom, utan också alla de faktorer som fastlägger hela den värld som den personen upplever. Alla varelser, blinda eller upplysta, är därför oupplösligt förbundna och kan inte särskiljas. Vid självförverkligandets *(prajna)* höjdpunkt är det inte längre någon skillnad på *samsara* eller *nirvana.* I insikt och kunskap *(jnana)* är alla varelser redan fria i sin tomhet. Sanningen i sin högsta form kan då bara visa sig i den icke-verbala insikten – som tomhet.

DAGDRÖMMANDET ÄR ETT KORS

Jag kan inte komma ifrån mitt missbruk. För tjugo år sedan lyckades jag sluta med mitt alkoholmissbruk, men jag röker fortfarande. Jag har bara halva min lungkapacitet kvar och måste hela tiden kippa efter luft. Trots detta är det omöjligt att sluta. En gång lyckades jag hålla uppe i fyra veckor men fick en sådan abstinens att jag var tvungen att ta kortison. Detta beroende är ett hinder för mig att finna mig själv. Jag är aldrig fridfull. Den enda gången jag känner mig fridfull är när jag ber, men resten av tiden känns det som om jag är i ett fängelse, och jag vet inte hur jag ska komma ut.

MADHUKAR: I ditt fall är bön förnuftigt. Ber du även med en cigarett i munnen?

Nej. Att röka dränerar mig på energi.

MADHUKAR: Ja, du verkar andas tungt och du talar med en hes stämma. Nikotin är ett gift, ett nervgift. Men det fanns en vis man som var kedjerökare och som var beroende av *bidis* som är handgjorda indiska cigaretter. De ser söta ut men de är extremt giftiga. För att vara på den säkra sidan visste den här mannen, som hette Nisargadatta Maharaj, att han inte var sin kropp. Och av den anledningen behövde han inte dramatisera sitt lidande när han dog i strupcancer.

Han hade alltså samma beroende som du. Men han bad aldrig. Istället skötte han varje dag om bilderna på sin *guru*, höll dem rena och dekorerade dem med vackra blommor. Detta krävde sann hängivenhet med tanke på all smuts som finns i luften i Indien. Han träffade besökare varje dag och svarade på deras frågor.

En gång efter att jag bett fick jag en ingivelse att jag borde sluta slåss mot rökandet och att det vore bättre att helt enkelt acceptera mitt beroende och mitt hälsotillstånd, och att det skulle göra det lättare att sluta.

MADHUKAR: Ja, det är riktigt. När beroendet är redo att lämna dig kommet det att göra det ansträngningslöst.

Det vore bra.

MADHUKAR: Du har inte så mycket lungkapacitet kvar. Lungorna är som vingar och om du bara har en är det svårt att flaxa. Om du vill be så be om förlåtelse för dem som är på jakt efter pengar och som gör människor till beroendeslavar. Be att de politiker som prostituerar sig vid lobbyistkonventioner kommer till insikt. Det finns för övrigt fler lobbyister i Berlin än det finns parlamentsledamöter. Så det kanske inte är så förvånande att Tyskland fortfarande är det mest gästfria landet i världen för rökare och tobakshandlare? Vid sidan om bönen frågar du också *vem* som ber och till *vem* du ber. *Vem är?* Detta leder dig direkt till ett syrerikt tält fullt med den renaste strålningen: Självet.

Vad innebär motstånd? Vad skyddar det oss från?

MADHUKAR: Är du en specialist på motstånd? Varför intresserar detta dig?

Eftersom jag känner motståndet i mig.

MADHUKAR: Så du är alltså en specialist på motstånd. Och du vet inte vad det är du försöker skydda dig mot med detta motstånd?

Bara vagt.

MADHUKAR: Då ska jag tala om för dig vad det är du skyddar dig mot. Det är något mycket skrämmande: Kärlek.

Solen kan bara le åt vår förälskelse i skuggornas skådespel som gör att vi inte lägger märke till solens närvaro. Utan solens närvaro skulle inga skuggor finnas.

För mig är gud kärlek och kärlek kan inte göra någonting utan kärlek. Redan som barn tyckte jag att det var fruktansvärt att Jesus korsfästes, och jag ställer mig frågan om denna symbolik betyder att var och en av oss har sitt kors att bära.

MADHUKAR: Vårt kors får vi lov att bära!

Vägen till Kristus är inte längre lika enkel som den brukade vara. Och jag kan inte tro att gud kan döma en själ till evigt fördömande som kyrkan lär ut. Gud skulle aldrig göra det.

MADHUKAR: Nej, säkerligen inte. Jag tror inte heller att hen skulle göra det.

Varför förkunnar kyrkan då detta?

MADHUKAR: Det får du fråga de som styr kyrkan. Jag är varken kyrklig eller biblisk. Vill du veta det måste du vända dig till dem i Rom. Det kanske till och med finns en kristen stödlinje du kan ringa.

Ett tag kände jag skuld eftersom jag distanserade mig mer och mer från kyrkan, för att istället ta kontakt med gud på mitt eget sätt.

MADHUKAR: Det är din sak om du vill komma närmare kyrkan eller ta avstånd från den. Jag har inget att säga om det. Men det är med all säkerhet så att du inte behöver känna någon som helst skuld i detta. Du kan ha en skuld till din bank men kyrkan är du inte skyldig något. Det himmelska området sysslar inte med skuldindrivning. Ett ögonblick ... låt mig bara kolla [Madhukar sluter sina ögon]. Färdigt! Alla dina skulder har raderats. Så nu kan du gå hem och känna dig vid gott mod. Djupt inom dig brinner en låga: Ditt sanna själv. Var uppmärksam på detta. Lågan kommer att tända alla kors du bär på, de är ju som bekant gjorda av trä, och kommer att bränna ner dem till aska. Halleluja! Så enkelt är det.

Så länge det finns får finns det fåraherdar. Hur ofta har du sett lejon skötas av herdar?

Jesus slutade med att hela människors fysiska krämpor. I början utförde han mirakler: gjorde sjuka människor friska, botade spetälska och andra sjukdomar. Men efter ett tag när han upptäckte att människorna inte blev bättre, så slutade han med det. Även Lazarus blev sur när han återuppväcktes från de döda.

Det finns en berättelse som förvånade mig när jag läste om den i en buddhistisk journal på Hawaii, eftersom jag aldrig läst om det i Bibeln. Vi känner till att år 325, vid det första *konciliet i Nicaea*, blev de mest kontroversiella gospeltexterna bannlysta och borttagna ur Bibeln.

Såhär går berättelsen. Jesus hade gett synen tillbaka till en blind man. Senare under sina vandringar passerade han mannens by igen och fann att mannen hade gått ifrån rättskaffenhetens väg. Jesus konfronterade honom och mannen svarade: "Ni är den skyldige, inte jag. Ni har avlägsnat min blindhet. Nu kan jag se allt som finns, och jag vill ha det."

Såhär återgäldade mänskligheten Jesus godhet. Detta är också anledningen till varför mästaren bara ger lärjungarna ett eller två råd – om alls något – när de blir tillfrågade. Om hen ser att rådet ignoreras slutar hen ge det. Varför ska hen ge råd om rådet blir en börda?

I mitt liv ...

MADHUKAR: "Ditt" liv tillhör inte dig. Hur kan du säga "i mitt liv"? Vilken arrogant attityd till något som är utom din kontroll! För begriplighetens skull, låt oss gå med på att säga "i livet", även om detta också är en illusion. Fortsätt.

I livet har jag ofta slagits till marken av depressioner och min fråga är: Kan depressiva tillstånd hindra mig från att upptäcka vem jag är?

MADHUKAR: Mindre än dagdrömmandet. Dagdrömmandet är ännu mera sövande. Depression är en sjukdom i hjärnan och bör behandlas med mediciner. Men samtidigt finns det också en dold potential där. Det kan upptäckas att dessa avvikelser i sinnet är osanna. Glöm aldrig det! Var medveten om detta. Illusionen om "mitt" sinne är mer bedräglig: min kropp, min fru, mitt liv, mitt barn – det är såhär dårar talar.

Mycket sediment som samlats under miljoner år, mycket skräp som gömts djupt nere i det undermedvetnas gyttja flyter ibland upp till livets yta. Även om du riktar in dig på sökandet efter sanningen, som är *du*, kan detta fortfarande inträffa. Det är inget fel med det. Det har till och med en bra sida. Saker rivs upp på nytt och renas i medvetandets eviga källa.

Se på dessa processer som oväder som renar. På samma sätt som mörka cumulonimbusmoln på högsommaren väller fram och orsakar blixt och åska och regnar bort sig själva, sker ofta en *katharsis* när vi vänder oss till självet. Du frigör dig från själens konflikter. Fokusera endast på medvetandets källa tills det har känts igen som absolut verklighet, som sanning. Då har inte ens den vassa sidan av illusionen någon kraft att skada dig.

Jesus frestades av vemod på samma sätt som Buddha när han fortfarande var prins Gautama. Båda tog sig igenom denna fas genom att upprätthålla en konsekvent attityd och odla en stor ärlighet, utan att lyfta ett finger. Det sanna medvetandet är orörligt.

Jag kan känna det.

MADHUKAR: Vilket annat val har vi än att lita till nåden? Det var nåden som förde dig hit. Det fanns aldrig något avstånd mellan oss. Varken här, nu, eller någonsin tidigare.

Jag hörde dig säga en gång att den som inte kan förlåta och älska sin mor kan inte vakna upp.

MADHUKAR: Vilken slutsats drar du av det?

Jag har svårt att älska min mor villkorslöst. Jag känner fortfarande ett visst agg gentemot henne.

MADHUKAR: Under vilka omständigheter skulle du kunna älska henne?

Under omständigheten där hon har insikt.

MADHUKAR: Och din egen insikt då? Här i *satsang* gör vi självinsikten känd. Om vi ska referera till en filosofi är det *jnana-yoga* vi talar om – insiktens och Enhetens *yoga*.
Kräver du att din mor ska ha fått insikt? Glöm inte att ditt uppvaknande påverkar sextiofyra generationer. Det är högst troligt att ditt uppvaknande även kommer att hjälpa din mor. I och med det kommer du att kunna återgälda bara en liten del av det du fick, nämligen – din kropp. Utan den hade du inte varit här och du skulle aldrig kunna vakna upp.
En gång var du din mor mycket nära. Du drack och åt från hennes kropp under hela nio månader och även efter det. Gå inte och bär runt på onödiga säckar med bittert agg. Avsluta detta nonsens. Jag ger dig en natt. Slut inte ögonen innan du har klarat ut detta!

Okej.

MADHUKAR: Din mor gav vad hon kunde under sina förutsättningar. Hon gav vad som var bäst för dig. Jag kan säga detta även om jag inte känner till din historia, men jag antar att det har varit jobbigt för dig.

Det finns hur många konflikter som helst i världen. Efter allt hatande, mördande, slaktande, våldtagande och plundrande ... hur kan vi kräva att dessa människor ska sluta fred med varandra om de inte ens kan försonas med sina egna mödrar?

Utan kärlek i era hjärtan kommer ni att driva runt ändlöst på den här planeten och aldrig få ro.

Jag läste nyligen en artikel om hjärttransplantationer i en populärvetenskaplig tidskrift. Resultatet av studierna var att isolerade vita blodkroppar reagerade känslomässigt på samma sätt som de gjort i kroppen som hjärtat befann sig i tidigare. Forskarna håller på att ändra synsätt genom dessa studier, från en rent materialistisk syn på världen, till ett erkännande om förekomsten av informationsfält, och kanske är detta ett första steg till andlighet.

MADHUKAR: Av det skälet är det farligt att vara nära mig, i det informativa fältet som omger mig. Det är fullt möjligt att det kan göra dig lycklig. Vem vill det?

Det är allmänt känt att vatten kan överföra information. Människokroppen består till hög andel av vatten, vanligtvis nästan 68 procent, och så mycket som 80 procent i hjärnan – hjärnan är nästan bara vatten. Så förstår du nu varför man inte behöver göra någonting i mästarens närhet? Allt bara sker!

Men om du har ett program som består av motstånd och begränsande dogmer som hela tiden kommer och går, då är du inget mer än den begränsade personen. Somliga är förvånansvärt framgångsrika inom detta område.

Ja, en inbillad världsuppfattning kan separeras snyggt av sinnet. I verkligheten är emellertid allt en illusion?
MADHUKAR: I verkligheten är den bara en illusion. En del tycker den är kul, andra lider under den.

Men spelar det någon roll om man känner glädje eller lidande?

MADHUKAR: Biokemiskt, ur nervimpulsernas perspektiv, har det ingen betydelse. Som du kanske vet kommer smärta och orgasm från samma elektriska impuls. Vissa föredrar orgasmerna, andra föredrar smärtan.

Nu har du själv upptäckt att filosofier inte är en garanti för frihet och garanterar inte upplysningen som du strävar efter. Jag skulle däremot påstå att *atma-vichara* garanterar sant vara. Eller för att uttrycka det enklare: Låt oss se efter!

Självkärlek är en av hörnstenarna i kristendomen – att erkänna sig själv. Jesus sa: "Älska din nästa som dig själv." När människor inte älskar sig själva är det inte konstigt att de inte tar detta till sitt hjärta.

Det allra första man ska ta reda på är: "Vem är jag?" Människor försöker älska sin nästa men de älskar inte sig själva. Därför är det stört omöjligt för dem att älska sin nästa. Jag talar inte om egoistisk självkärlek utan om kärleken som kommer ur självet. Om jag är sann kärlek, då kommer kärleken till min nästa – hur den än ser ut – att ske automatiskt.

Häromdagen bad en svårt sjuk kvinna om min hjälp. Jag ser inte helande som mitt livskall. Ändå hände det. Kvinnan kom nästa dag frisk, extatisk, full av tacksamhet och fri från smärta. Men nu klagar hennes försäkringsbolag.

Måste man ge uttryck för ilska och våldsamhet när de uppkommer?

MADHUKAR: Våldsamhet uppkommer aldrig. Ilska kanske uppkommer men inte våldsamhet.

Men man kan känna sig våldsam.

MADHUKAR: Man kan känna aggression och ibland kan den leda till våldsamheter. Är det något som du har erfarenhet av?

Ja. Och när den kommer kan jag explodera.

MADHUKAR: Det tror jag inte du kan.

Jo, det kan jag faktiskt.

MADHUKAR: När jag var liten hade jag en fisk i ett akvarium. En dag åt fisken så mycket att magen exploderade. Så jag vet att för Gesi, min kilfläcksbarb, var det faktiskt möjligt att explodera. Fortsätt lugnt att vara arg. Detta är kvinnlighetens vilda sida.

Det finns en stor kraft bakom den.

MADHUKAR: Exakt. Du har rätt att ta del av den kraften.

Har din berättelse om fisken som åt tills den sprack innebörden att jag har byggt upp för mycket aggression?

MADHUKAR: Innebörden är att du inte ska ta in något i din kropp som inte gör dig väl.

Och det som redan lagrats inuti?

MADHUKAR: Det kommer att smälta bort så småningom när du slutar öka på det.
Lev i nuet, där allt framträder, både kärlek och ilska. Känn igen denna närvaro, och omedelbart, eller så småningom, kommer även vreden och våldsamheten att försvinna ur ditt liv. Allt försvinner i närvaron.

Du ser ur ett förväntansperspektiv och därför ser du ingenting – det finns inte ens någonting där! Jag, som är tomhet, ser universum komma och gå; strimmor av DNA formas och upplöses under miljoner, miljarder år; alltsammans är här nu – ett överflöd i gigantiska proportioner. Det du borde göra är att ha kul i denna tomhet.

I miljoner år har du upplevt, lärt in, drömt, och nu kan du bara njuta i denna tomhet, och ändå gör du inte annat än detta. Bli inte fascinerad av tomheten och överflödet utan förbli istället i ditt inre, i källan där även fenomenet tomhet kommer och försvinner. Du är djupare än allt detta, helt opåverkad.

ALGER, FISKAR OCH APOR

Bhagavan älskade apor. Han älskade att klättra tillsammans med dem i djungeln vid sitt berg Arunachala. Men när han satt i sin soffa tillsammans med besökare och elever i *ashramet* brukade han skämtsamt säga att han var "inburad".
Även jag satt på berget igår i stillheten på min favoritplats under en akacias vita blommor på en klippa högt ovanför det mäktiga pyramidtemplet i Tiruvannamalai. En flock makaker lekte runtom mig när jag plötsligt hörde några som slängde sten på dem. Det gjorde aporna väldigt upprörda och ängsliga, och alla kom till mig! Mödrarna kom med sina barn och tryckte sig emot mig. Stora och små apor sökte skydd, alla samlades runt mig och bad om hjälp. De sa: "Det enda vi vill är att få vår beskärda del av jordens frukter som tillhör alla. Vi har levt här på berget i flera tusen år och nu kommer det mer och mer dumma turister och kastar stenar på oss." Så jag vevade med nävarna åt de indiska bråkstakarna och skrek: "Sluta med det där tramset, kasta inte stenar!" Senare när jag gick ner för berget hade det börjat skymma. Bakom en krök på stigen där jag gick satt en gigantisk apa. Jag sa förvånat: "Hanuman, vad gör du här?" "Bra gjort Madhukar!" svarade han, medan jag respektfullt passerade honom.
Varför skulle jag inte kunna hjälpa dig om jag kan hjälpa aporna?

*Hur kommer det sig att svaren du har till frågorna som ställs passar
så bra och är så lämpliga för personen som ställer dem?*

MADHUKAR: Eftersom det inte finns någon som helst separation
mellan dig och mig och att jag inte funderar. Tidigare brukade man
säga: "Gud vet allt." Idag säger jag: "Självet vet allt." För gud och
självet är en och samma. Det är ett mindre mirakel att frågorna bes-
varas i en sådan klarhet och att det ofta läggs till något som
förvånar frågeställaren, eftersom hen antog att jag inte kunde ha
vetat det. Jag ger det inte någon eftertanke – det bara sker. Vår he-
liga mästarlinje har funnits i tiotusentals år nu så det finns mycket
erfarenhet här.

Jag finns enbart här för att bistå med hjälp. Min egen person är
irrelevant. Så döm inte min person positivt eller negativt. Det finns
många olika åsikter om mig, såsom: "Om han hade varit en sann
mästare hade han inte slickat av sin kaffesked." Folk har bisarra
uppfattningar om hur jag borde vara. Men detta tynger mig inte på
något sätt.

Jag har inte upptäckt vem jag är än genom atma-vichara. *Kan det
vara så att det är meningen att jag ska kapitulera?*

MADHUKAR: Vad hindrar dig från att kapitulera?

Jag vet inte om det är atma-vichara *eller kapitulation som är rätt för
mig. Så jag frågar dig, kan du säga vilken som är rätt väg för mig?*

MADHUKAR: Ja.

Var snäll och tala om det då.

MADHUKAR: Sluta genast där du är nu, ta inte ett steg till! Rör dig
inte en tum från denna plats. Ge upp idén om en väg. Du har redan
varit på väg så länge.

För miljoner år sedan var du alger, och från alg till ett mänskligt kropp-sinne-vara är vägen mycket lång. Nu har vägen tagit slut! Nu är det dags att stanna *här*. Låt inte längre några drömbilder eller begrepp binda dig! Här finns bara frid, lycka och kärlek. Allt finns här, det har alltid väntat på dig. Bedra dig inte längre med hopp, önskningar och det som varit. Livet är dyrbart. Vi träffades vid precis rätt ögonblick.

Jag är förvånad över det som sker.

MADHUKAR: Vad är det som sker?

Det går inte att förklara.

MADHUKAR: Men du kan förklara varför du är förvånad.

Jag är så lugn i mig själv, och när det kommer stunder då jag inte är lugn ...

MADHUKAR: Stopp! Jag är så lugn ... punkt slut!

Då har jag inga fler frågor.

MADHUKAR: Underbart.

Kärleken är alltid ny. Om kärleken inte är ny är det inte kärlek vi talar om. Då är det istället arrangemang, kompromisser, kontrakt och fångenskap. Kärleken är alltid oskuldsfull och fräsch.

Ofta vet jag inte vad jag ska göra med alla mina känslor. Det kommer så många tillstånd som jag inte behöver ta på allvar. Men ibland är det viktigt för mig att ta känslorna på allvar.

MADHUKAR: Vad leder det till? Till allvarsamhet kanske?

Jag vet inte. Det kanske bara är ännu ett program som avslöjar sig. Är det bara ett program?

MADHUKAR: Ja, men det betyder inte att du ska undertrycka känslorna. Låt dem komma upp men ta också konsekvenserna.

Det är precis det som är problemet.

MADHUKAR: Det är ännu bättre att ta konsekvenserna än att få gallblåscancer! Och exakt hur vet du att det är dina känslor? Vi är så snabba att kräva ägande och tala om "mina": min kropp, mina tankar, mina känslor, mina åsikter. Men det *jag* som "mina" refererar till har inte erkänts ännu.

Kommer känslorna fortfarande att finnas där efter att jag har insett vem jag är?

MADHUKAR: Du kommer förmodligen att ha mindre känslor. Som kan vara mer.

Jag förstår.

MADHUKAR: En sak är säker, du kommer inte att lida lika mycket som du gör för tillfället. Sorger kan fortfarande komma på grund av olyckor eller andra händelser. Även glädje och hela känslospektrumet kan komma, men du kan inte längre glömma vem du är. All okunskap försvinner. Kunskapsbristen svämmas över av varandet.
Vill du bli av med dina känslor?

Egentligen inte. Bara delvis.

MADHUKAR: Njut av dem då.

Ibland kan jag det, men ibland, till exempel när jag blir väldigt aggressiv, då...

MADHUKAR: Aggressiv mot mig till exempel?

Till exempel.

MADHUKAR: Ut med det! Det här kan bli intressant!

Ska jag ta allvarligt på den här aggressionen eller är den bara ego och overklig? Det känns som om raseriet äter upp mig inifrån när jag inte lever ut det.

MADHUKAR: Raseri uppstår också ur okunnighet och frustration. Du har möjligheten att leva ut detta raseri, vilket kan vara mycket befriande. I ett avseende har raseri en stor makt, vilket kan vara bra. I ett annat avseende finns det en fara i att ilskan kan leda till lidande. Lidande både för dig och för andra. Särskilt om du håller fast vid raseriet. Raseriet är impulsivt och kommer från din personlighet. Låt raseriet komma när det behövs men håll inte fast vid det. Låt inte en kronologisk kontinuitet av ilska utvecklas.

Jag drabbades också av ilska. Det var ilska mot andra, mot social orättvisa, mot oförståndig politik och mot förstörandet av min älskade moder jord. Min ilska var berättigad och levdes ut på ett utmärkt sätt och det fanns absolut skäl till det. Det som förvånade mig var att jag märkte att den alltid kom tillsammans med frustration. Så jag tittade djupare inombords för att se var ilskan kom ifrån. Naturligtvis har var och en av oss möjlighet att skylla vår ilska på någon annan: vår far, vår mor, lärarna, alla barndomsdramerna som alltid är högst suspekta. Men om du är ärlig och går djupare, så ser du att frustrationen går längre tillbaka än så. Ännu längre än ditt släktträd, längre än landets historia med alla dess lidanden, orättvisor och ursinne; längre tillbaka, till kulturens kärna, till de stolta riddarna och barbariska teutonerna Arthur och Siegfried; hela vägen tillbaka till mänsklighetens vagga, tillbaka till en avlägsen gryning – urtida frustration.

Uppstod den vid den första separationen? Vid utdrivandet ur paradisets Enhet? Vid utträdet ur Enhetens vårdande famn? Vid delningen av självet och det första jaget? Eller ur det skenbara misslyckandet med den grundläggande mänskliga rättigheten: Lycka.

Även om du går tillbaka till roten för din absoluta existens som jag nämnde här, kommer du inte att hitta var din ilska började. Därför är det accepterat i kulturer som är äldre än kristendomen, att gudarna å ena sidan är väldigt kloka och kärleksfulla, och å andra sidan fulla av raseri. Den hinduiska guden Shiva har, liksom sin motsvarighet Wotan, inga problem med att bli arg. Och titta på gudinnan Freja, titta på gudinnan Kali. Ingen av dem tvekar att bita av människors huvuden och dansa på kadavren. Kali bär ett halsband som är tillverkat av huvuden och hon sjunger: "Jag har befriat dem alla!"

En kultur där det finns gudinnor som dessa har en större förståelse för det mänskliga psykets tvåfaldighet och kluvna natur; för människans kärleksfulla och hemska sidor som vi finner bevis för överallt, i vardagshändelser och i världshändelser. Människor kan bli till odjur och från odjur till lamm igen.

När du har modet att fråga dig vem du egentligen är kan du en gång för alla avsluta de oändliga kretsloppen: fullbordan, separation, frustration och raseri.

Allt jag vill är att förändra min egen person.

MADHUKAR: Nästan alla vill ändra på sin person. Även religionerna bygger på en önskan om att förbättra.

Men det leder aldrig någonvart.

MADHUKAR: Om det inte leder någonvart hade det varit bra! Men det är inte så att det leder till tomhet, för det leder till förvirring. Det leder in i de intrikata vävnadernas illusioner, in i händelser som vävs in i varandra och bara växer.

Gå direkt till den eviga roten, varats källa. Detta är endast möjligt genom kapitulation eller *atma-vichara*. Ett risktagande som kommer att belönas med frid. Vad som behöver hända för att detta ska ske kan vara olika för varje individ. I mitt fall var det ett sista våldsamt raseriutbrott.

Så det kan bli så att allt bara brister där?

MADHUKAR: Det kan det. Och då kommer insikten om *vem som är* att kopplas till den otvetydiga förståelsen att endast friden är. Då kommer allt du gör att stå till mänsklighetens förfogande. Likt Kali kommer du att omfamna den ena och bita huvudet av den andra. Båda innebär nåd för den det berör. Och det är allt vad det är.

EN HELHETSTEORI FÖR FRID

D aoisten Zhuang Zi skrev redan för 2300 år sedan i sin *True Classic of the Southern Flower Country:* "Glöm alla tolkningar, dyk in i det gränslösa och gör det till ditt hem." Tankar, skriver han, är sjukdomar som "stör lugnet i hjärtat". Denna mystiker som praktiserade en ljushjärtad självglömska och vilkens skrifter betonar tystnad, Enhet och frihet från tankar, är utan tvekan mest känd för sin liknelse om alla sakers förgänglighet – *Fjärilsdrömmen.* I korthet säger den: "Är jag en människa som drömmer om att vara en fjäril, eller en fjäril som drömmer om att vara en människa?"

Sedan jag träffade dig har jag sett "M" vart jag än vänder blicken. Nu har jag också läst om M-teorin. Vad är det exakt?

MADHUKAR: M-teorin är en teori för allting. För tillfället är det den bästa uppsättning idéer från våra mest framstående forskare om universum. Den är ett metafysiskt försök till att förklara världen. Matematiskt fungerar den redan. Enligt partikelfysikerna är universum helt olikt det som försvararna av en gudomlig ordning hävdar, och att det även är något helt annat än en magnifikt chansartad uppkomst.

Den kombinerar Einsteins relativitetsteori med den elva dimensionella strängteorin. Med andra ord ger den en tolkning av både de största dolda förbindelserna i kosmos och de minsta elementarpartiklarna, och förenar dem teoretiskt. M-teorin handlar alltså om Det: Allt och ingenting.

Du har rätt i ditt antagande att om jag skulle lura dig och bedra dig genom att säga: "Du är inte fri! Du måste göra det och det i tre år." Då skulle det sitta tusentals människor här. Människan älskar att bedra för hen är själv en bedragare. Bedragare älskar att bedra eftersom självbedrägeri är allt de känner till. Men förr eller senare kommer det att stå klart att ditt sanna själv är immun mot illusioner.

Vem eller vad är det i mig som önskar sig friheten om den redan finns här?

MADHUKAR: Som kärleken dras till kärleken och skönheten till skönheten dras även självet till självet. Den fiktiva fången som tror hen befinner sig i lidande och begränsningar – det är den personen som önskar sig befrielse.

Jag vill förstå poängen.

MADHUKAR: Du kommer aldrig att förstå poängen. Poängen är friheten! Vad är det som behöver förstås? Det kommer aldrig att förstås. Viljan att förstå försvinner så fort som *det som verkligen är* uppenbaras.

Det är många människor som söker friheten, men det finns även många som tycker det är helt ointressant. Jag möter ibland människor som säger: "Varför är du så angelägen om att fortsätta sökandet?" Dessa människor lever helt enkelt bara sina liv. Kommer jag

att leva exakt samma liv som andra människor lever när mitt sö-
kande upphör?

MADHUKAR: Nej, när ditt sökande upphör kommer du med all
säkerhet inte att leva samma liv som dessa människor lever. Det
finns en klassisk dialog mellan en *unsui*, en nybörjare inom zen, och
hans mästare:
– Vad är skillnaden innan och efter uppvaknandet?
– Innan uppvaknandet finns vatten att bära och ved att hugga. Efter
uppvaknandet finns vatten att bära och ved att hugga.
Det är emellertid en enorm skillnad på att bära vatten och att
bära *molnvatten.* Innan var det en börda, efteråt är det en glädje.
Vilket föredrar du?

Glädje.

MADHUKAR: Glädje! Exakt! Så jämför dig inte med människor
som, låt oss säga, kan njuta av välsignelsen av att inte tänka på
någonting och som är nöjda med det som anses vara normalt. Väl-
signelsen du har fått är att vara missnöjd med det som anses vara
normalt, och att använda *atma-vichara.*

I relationer har jag funnit att det liksom inte fungerar om min part-
ner inte har intresse för atma-vichara.

MADHUKAR: Det låter vettigt. Om din partner inte är intresserad
av detta kan det vara en ganska stor utmaning. Men det kan fungera
ändå, såvida inte din partner är intolerant och aktivt begränsar dig.
Det hade säkerligen varit ogynnsamt. Men oftast omger människor
sig med andra som har liknande intressen.
   En livskraftig själ försöker finna lösningar genom att förändra
problematiska situationer. Många försöker hitta en optimal partner
för att vara lyckliga. Det kan bara fungera tillfälligt. Varje förbin-
delse upphör förr eller senare. Precis som kroppen slutar med döden
kommer partnerskapet också att sluta, även om man lever tills man
blir sjuttiofem- eller hundra år. Även då blir det smärtsamt när man
skiljs från sin partner genom döden. I sorgeprocessen är det inte
ovanligt att partnern blir rasande på personen som har dött, för
genom döden har hen övergivit sin partner.

Låt det inte gå så långt! Ta reda på vem som är *nu*. En bra bieffekt är att detta kommer att göra dig oberoende av livsförhållanden. Men det kommer inte göra dig fri om du handlar ur motivationen: "Eftersom saker inte går så bra i mitt liv ska jag bli andlig." Eller ännu värre: "Jag vänder ryggen åt livet, därför är jag andlig." För förr eller senare måste du ta reda på vem du är, så varför inte göra det nu på en gång? Det är inte särskilt klokt att avstå *atma-vichara* eftersom kroppen blir i sämre skick när vi åldras, och ofta kommer det obehagliga sjukdomar. Nu är den bästa tiden. I motsats till myten som säger att människor blir klokare ju äldre de blir, är det i allmänhet så att de flesta bara blir bittrare, gnälligare, mer trångsynta och trögskalliga. Lyckligtvis finns det också underbara människor i alla åldrar.

Sinnet är som en hund som jagar efter varje pinne ni kastar till den. Tankar, förklaringar, teorier, begrepp, till och med vetenskapens alla olika grenar är inget annat än ben för sinnet. Om ni insisterar på att kasta ben till hunden, varför inte frågan "vem är jag?".

Måste jag förändra mitt liv? Vad rekommenderar du?

MADHUKAR: Du har tur eftersom de flesta lärare tynger dig med saker som du måste göra, praktisera och tro. Inte här! Här hänvisas du direkt till Det. Och det kommer jag att fortsätta att göra tills det står klart för dig bortom alla tvivel, som Jesus Kristus uttryckte det i Bibeln: "Jag är den jag är." Då kommer det inte längre att vara en tom idé eller någon pladderliknande andlig kunskap. Det kommer att stråla från ditt djupaste inre och bli en välsignelse för dig, din familj, din stad och hela världen.

Av den anledningen – sök enbart detta. Vad som än gör ditt liv till vad det är kan du fortsätta att leva det som innan om det är bra för dig. Om det inte är bra för dig är det bäst att du slutar omedelbart.

Mästaren öppnar dörren men ni måste själva gå in.

Ska jag säga upp mig från mitt jobb och lägga mina energier helt på atma-vichara?

MADHUKAR: Jag uppmuntrar inte de som kommer till mig att sluta sina jobb. I de flesta fall skulle det bara leda till onödig oro och förvirring. Endast en mästare kan skina i overksamhet. Jag säger inte till dig som Jesus sa: "Sälj allt du har och följ mig." Det försökte man med för tvåtusen år sedan och det fungerade inte. Vi lär oss! Självet som du är har inget att lära sig. Inse detta, och du kommer att frodas i tilliten till kärleken och tystnaden. Allt annat är illusion.

Tack.

Jag är bara så glad att jag träffade dig. Det som händer är så otroligt, så vackert. Jag har insett att det är värt att lita på dig. Livet förändras. Det som jag anförtror här löser antingen upp sig, eller så blir det uppfyllt. För inte så länge sedan sa jag att friden tycktes bero på din närvaro. Sedan dess har den alltid funnits här. Den berörs inte av vardagen eller av någon person.

MADHUKAR: Och inte heller av psyket.

Även atma-vichara förändras. För inte så länge sedan visste jag fortfarande inte vad syftet med den var, och nu har den blivit ett sätt att ta mig tillbaka till tystnaden. Ibland visar sig en jag-tanke automatiskt, och när en identifikation äger rum behöver jag bara fråga: "Vem är jag?" Det påminner mig om att tanken bara är något tillfälligt och att den inte är på riktigt. Fastän jag vet att den här personen inte är verklig har jag nyligen erfarit en styrka, en auktoritet, en kraft som jag är glad att kunna använda.

MADHUKAR: Detta har jag alltid lovat. Denna riktning mångfaldigar styrkan för livets alla sysslor. Varför? Eftersom du riktar dig bort från den egenkära bilden av att vara den som utför handlingarna.

Jag märker att jag fortfarande ser mig som den som agerar. Jag märker det när jag försöker skapa en mening med händelser eller tolka situationer. Och detta stör friden. Jag önskar att jag kunde vara lite mer radikal men att ändå kunna se meningslösheten i det och låta det ske, här i nuet.

MADHUKAR: Passar orden "lite" och "radikal" ihop? Radikal låter väldigt radikalt och förknippas därför ofta med hårdhet. Ska vi ersätta detta ord med klarhet eller närvaro?

Ofta märker jag bara av tystnaden när min andning blir långsammare. Annars är det ingen skillnad mot tidigare.

MADHUKAR: Underbart.

Vilken attityd rekommenderar du att besökarna till dina satsanger har? Är det tillräckligt att bara låta sig beröras av den påtagliga tystnaden?

MADHUKAR: Det är med all säkerhet det bästa. Tystnaden är urgrunden. I tystnaden finns den största effekten, den sanna kraften. Allting sker i tystnaden.

För vissa människor är ord viktiga, en konversation som tydliggör saker. Medan det för andra behövs en hetsig filosofisk debatt. Och för någon annan bara en blick eller en beröring. Tystnaden ligger till grund för alla dessa saker och det är därför som den är den mest kraftfulla. När mästarens tystnad har berört dig kommer du aldrig att låta dig tappa lugnet på grund av andra ljud. Du har insett: "Jag är tystnaden, den som min mästare är."

Kan du förklara vad det är som händer när någon ställer en fråga under satsang? Jag får intrycket att det inte är ditt svar som är avgö-

rande utan att det snarare är för att du riktar uppmärksamheten på frågeställaren, och att det är det som får saker att hända.

MADHUKAR: Det kan vara så! Där det finns frågor borde det också finnas svar. Det sanna sker helt i avsaknad av ord.

Jag kan inte förklara denna skönhet. Den strålar inifrån. På samma sätt som en diamant inte kan tala om sin skönhet utan bara tindrar, kan jag inte tala om Det.

Jag saknar självförtroende och kan inte vara kreativ. Och utan kreativitet blir jag destruktiv.

MADHUKAR: Hur visar sig detta? Slår du sönder konstverk eller telefonkiosker?

Nej, det visar sig som att jag egentligen inte vågar göra något i livet och att jag inte lever.

MADHUKAR: Vågar du inte vara aktiv? Är det det du sörjer?

Jag blir verkligen förvirrad. Jag faller otroligt djupt in i mig själv och glömmer allt jag upplevt. Det är därför som låten du just spelade talade till mig. Låten sätter ord på något jag längtat efter så länge: "Att jag hittade vägen att leva i Herrens närvaro."

MADHUKAR: Anugito, jag såg när du dansade i det sprudlande varats glädje. Jag har sett det flera gånger.

Ja, jag vet, men jag förlorar det. Ibland faller jag verkligen ner i helvetets djup.

MADHUKAR: Vad är det som fortfarande finns därnere i helvetets djup?

För tillfället kan jag säga att det fortfarande finns rymd där, men när jag är inuti ...

MADHUKAR: ... finns det närvaro?

Ja.

MADHUKAR: Och denna närvaro kan uppfattas som rymd eller som helvete. Men när du är i detta helvete har du glömt bort det och börjat identifiera dig med de helvetiska erfarenheterna, med förtvivlan och smärta.

Ja.

MADHUKAR: Du identifierar dig med lidande, med modlöshet, och därför är du genast välkommen där. Helvetets andar välkomnar varje ny besökare, särskilt gamla bekanta. Men när du kommer ihåg din närvaro, då är du inte längre välkommen i helvetet. Då blir du – BOOM! – utsparkad på en gång.
Gör dig av med idén att du inte längre är välkommen här, att du inte lider tillräckligt.

Hur hanterar jag detta?

MADHUKAR: Med kärleksfullhet precis som i *satsang*. Satsang är en synonym för "kärleksfull".
Du borde komma ihåg dig själv varje dag, så fort du vaknar. Inte för att du vill ha trevliga upplevelser eller kärlek men för att du kommer ihåg vad som är verkligt. För att vara det sanna innersta, närvaron, varat, friden och kärleken behövs inget mod. Dessa saker är grunden för allting. Och därur växer det mod som du behöver för att kunna hantera allt det som livet för med sig.
Ät ett fikon med mig, så att du aldrig mer känner dig feg.

Så här handlar det om löftet om att gurun aldrig kommer att överge sina elever.

MADHUKAR: Ja, det är riktigt.

Gäller det alla elever?

MADHUKAR: Det gäller *gurun*. *Gurun* lämnar aldrig sina elever. Jag har sagt: "Jag är alltid med dem."

Är det så för varje elev? Eller bara för vissa utvalda?

MADHUKAR: Nåden strömmar oavbrutet. Nåden väljer inte. Nåden är alltid här. I överensstämmelse med dina insikter och din ödmjukhet kommer du att kunna ösa ur denna brunn. Du kan skopa upp en klunk med hela handen. Ta så mycket du kan bära. Den som är verkligt törstig kommer absolut att bli det som erbjuds hen. Hen slukar det. Tvätterskorna tvättar vid brunnen. De dricker inte.

Har detta löfte ett slut?

MADHUKAR: Nej, det slutar inte, aldrig!

Det slutar inte ... jag var inte säker på detta. Men det kan ändå hända att man sänds iväg. Betyder det att de överges?

MADHUKAR: Vilken *guru* övergav dig? Jag vet inte vem du talar om och om den du syftar på verkligen är en *guru*. Det finns bara en handfull *guruer* men tusentals, tiotusentals lärare.

Jag insåg precis att jag blandade ihop dessa två begrepp.

MADHUKAR: *Guru* betyder "den som driver ut mörkret". Hos en *guru* finner du inre frid. Ordet *guru* kommer också från *"guri"* som är sanskritordet för koncentration. Att koncentrera sig på *gurun* är det som får saker att ske. Men om du koncentrerar dig på en lärare blir resultatet fångenskap.

Jag skulle vilja veta om det är skillnad på det högre självet, själen och sinnet. Eller är de en och samma sak? Ibland tror jag att det bara finns en kropp och en själ. Men jag vet inte om det högre självet, sinnet, är en del av själen?

MADHUKAR: Det högre självet är en uppfinning från de som tror på sina sinnen. "Personlighetsklyvning" kallar psykologerna det. Det finns bara en sak, och det är självet. Och inom självet uppkommer kroppen och försvinner sedan igen. Men eftersom fysiska begränsningar har fått dig att bli kär i denna kropp som gläds och lider, önskar du att självet är en individ. Du vill ha en själ eftersom du är rädd att försvinna. Kroppen försvinner. Sinnet kommer och går. När du väl har vaknat är du evig. Vad spelar det för roll om vi kallar det för själv, själ, Buddha, Shiva eller Manitous ande?

Namnet du gav mig betyder "lyckans tjänare".

MADHUKAR: Underbart. Om dina sinnen är rena kan du känna guavans doft. De flesta människor har inte rena sinnen och därför fungerar inte deras *olf* särskilt bra. Hur ligger det till med smaken av lyckan?

Den är härlig.

MADHUKAR: Bra! Lyssna. Jag är helnöjd, mycket glad och tillfreds och jag är inte skyldig någon någonting. Samtidigt känner jag en önskan inom mig att ge er en present: den nåd som min mästare gav mig. Det är inget som jag inte hade då, inget som jag inte var då – presenten är endast insikten, tilliten och en tydlig riktning till *det som verkligen är*. I denna riktning slösar jag inte bort mitt liv på bagateller och andliga illusioner.

Även om denna överföring nu också finns tillgänglig i västvärlden och kommuniceras med tusentals människor i *satsang*, accepteras den endast av de mest förfinade. Massorna har andra intressen. De är slavar åt sina hjärnor, sinnet, det förflutna.

Den här sanningen är något som jag inte kommer låta glida mig ur händerna.

MADHUKAR: Papaji betonade alltid att människorna i västvärlden tar sig själva alltför allvarligt. Egot är för starkt, själviskheten – jag, jag, jag. Även när de knäböjer i vördnad är avsikten vanligtvis självisk. En som sannfärdigt inriktar sig emot friheten kommer att smälta bort när hen närmar sig sanningen. Alla andra är för angelägna om sig själva och tar sig själva på alltför stort allvar.

Ramana Maharshi älskade berget Arunachala i södra Indien mer än något annat. Berget anses vara heligt och han tillbringade största delen av sitt liv vid bergets fot. Kan du säga något om fenomenet med detta berg. Kan ett berg bli upplyst?

MADHUKAR: Ja. Berget är Shiva själv. Om en människa kan bli upplyst, varför skulle inte också ett berg kunna bli det? Alla som en gång varit där finner att även om hen bara ser en röd geologisk formation mitt i en slätt med risplantor, är det i själva verket en mystisk plats hen befinner sig på.

Bhagavan finns alltid där! Fenomenet av en tyst närvaro beskrivs som ett ljudlöst ljud. Jag skulle säga en vibrationslös vibration, tyst och ytterst främjande för uppvaknandet. Även om tystnaden redan är tyst domineras denna plats av en mycket djupare tystnad – den mest värdefulla närvaron.

Men jag frågar mig själv om man verkligen ska berätta för alla om det här, för det verkar som om det finns många turister som gör detta till sin destination, inklusive några som tyvärr inte vet hur man ska uppträda på en helig plats. En sak är säker: Arunachala är mitt hem, glädjens källa.

Kom hem till självet. Obeskrivlig och formlös. Ren skönhet. Smält samman med det som du verkligen är: En fridfull tyst skönhet.

Att vända sig bort från det dagliga drömmandet är en stor utmaning för de flesta; att vända sig bort från smärta, från robothjärnan som ständigt producerar fler tankar, och återvända hem till medvetandet.

Trots att det inte är särskilt svårt tycker många att det är svårt att bara släppa taget. Att få insikt om medvetandet "jag är" är fortfarande ganska långt ifrån vad uppvaknande innebär. Av den anledningen upplever många som utövar *atma-vichara* en stor tomhet som de inte vet hur de ska hantera, och de dras genast in i nästa tanke som visar sig, och är villiga att nästla sig in i nästa känsla som kommer.

Absolut medvetande har inget med kroppen att göra. Den är transcendental och innan sinnet, innan intelligensen. Absolut medvetande är naturligt varande, grunden och förutsättningen för varat. Den är alltid här.

I både det vakna tillståndet och drömtillståndet är medvetandet täckt av tankar och känslor – av sinnet. Den vise försöker hitta ursprunget till den första tanken, källan till jag-tanken.

Detta säger jag till de värdefulla bland er som verkligen är mogna för friheten; ni som inte längre är fixerade på att förändra livsförhållanden, förändra känslor och vill ha en massa saker. Många vill bara byta ut begreppet smärta mot ett annat, mot begreppet lycka till exempel. De vill bara ändra vissa tillstånd och uppleva andra sorters tillstånd. De flesta vill inte ens byta smärta för lycka. En mästare drar även till sig människor som inte är intresserade av uppvaknandet. Men varje dag önskar jag frid till alla människor och alla levande varelser, inklusive musen och myggan, för jag får också glädje i att se er mänskliga lycka.

Uppvaknandet är emellertid något fundamentalt annorlunda. Det har inget med livsförhållanden eller tillstånd att göra. Ditt naturliga vara – som är *du* – har inget med din person eller din kropp att göra. Ett personligt "jag" existerar inte.

Neurobiologin och filosofin, medvetandestudier och kvantfysik, alla dessa områden berör, utforskar och talar om en Enhet där bara självet, hjärtat, är. Enheten är den grundläggande verkligheten.

Atma-vichara skänker lättnad och ger avkoppling. Livsglädjen uppenbarar sig helt naturligt, av sig själv. Detta är *satsang*, där självet strålar och tystnaden omvandlas till ljus. I det sanna varat är det uppenbart, det är så tydligt. Annars är det dolt min vän.

Att inse Enheten öppnar chansen för en ny medvetandekultur; mitt i människans identitetskris, en ny frihetens etik: Medvetandet som en helhetsteori för frid.

Och du spelar en avgörande roll i den.

LIVET I ADVAITA

Intervju med Madhukar av Thomas Klein, Klein Media service.
26 september 2004, Berlin.

*H*ur skulle du beskriva kärnan i ditt budskap?
MADHUKAR: Varje människa, oberoende av sina livsförhållanden, är frihet och frid.

Är detta också det grundläggande budskapet inom advaita?

MADHUKAR: Ja, det grundläggande budskapet inom *advaita* är:
"Du är Det! Ett varande." Detta "Det" inrymmer allt. I vår kultur
och i den kristna traditionen kallas det för gud, som är hela universum. I *advaita*-traditionen beskrivs det som *sat-chit-ananda*. Detta
översätts generellt som existens-medvetande-lycksalighet. I min förståelse är lycksalighet inget annat än ett fenomen som upplevs i
kroppen och sinnet. Verklig insikt är att friden är absolut sanning.
Följaktligen skulle jag beskriva det som existens-medvetande-frid.

Advaita är en filosofisk inriktning och filosofier kan naturligtvis
aldrig förklara varat eller erfarenheten av att vara. Allt filosofier kan
göra är att försöka tolka varat. Absolut sanning är att det gudomliga

redan är här. Det kommer inte utifrån utan är snarare inom var och en av oss. Det finns ingen separation, endast varande. Det finns inte två. Detta är kärnan i *advaita*. Sanskritordet *"advaita"*, som kommer från indoeuropeiska betyder bokstavligen "ej tvåfaldighet".

Du ber de personer som lyssnar till dig att engagera sig i atmavichara. *Vad är meningen med* atma-vichara? *Hur utövar man det?*

MADHUKAR: Jag kräver inte någonting av någon. Jag tror att de som kommer för att träffa mig vill uppleva absolut sanning och inse vilka de är. Av den anledningen rekommenderar jag *atma-vichara*. *Atma-vichara* har inte med en aktivitet eller ett sökande att göra. *Atma-vichara* inbegriper två saker. Först och främst har det med självet att göra. Självet har alltid med en själv att göra. Självet beskrivs i den moderna vetenskapen som "Det som utgör vårt medvetande". Forskarna, neurologerna och psykologerna vet inte med säkerhet om medvetandet i fråga är personligt eller om det endast finns ett absolut medvetande som bara tycks vara ett individuellt medvetande, på grund av identifikationen med kroppen och sinnet. I tusentals år har *advaita* fäst uppmärksamheten på självet som en transcendental verklighet.

För det andra innebär *atma-vichara* att gå på djupet, till fundamentet, till grunden som är vårt varande. *Atma-vicharas* inriktning är inte en slags utredning som utförs av sinnet utan är snarare ett permanent uppvaknande från våra dagdrömmar – drömmarna om en skenbar verklighet. *Atma-vichara* innebär att anlända *här* och sjunka ner i den absoluta sanningens djup, att vara närvarande. Absolut sanning är för mig något väldigt naturligt, något väldigt normalt. I *advaita*-terminologin kallar vi det för *sahaja samadhi* – naturligt varande. Eftersom jag vet att alla är Det, är det också möjligt för alla att begrunda dess djup.

I äldre visdomstraditioner infördes ofta villkor som krävde att man skulle välja en viss väg eller praktisera vissa läror. Hur fungerar det med atma-vichara? *Kan man utöva det? Finns det fysiska, mentala eller moraliska förutsättningar för att på ett framgångsrikt sätt tilllämpa* atma-vichara?

MADHUKAR: Det är inte min sak att säga till människor vad de ska eller inte ska göra, för att då som först förstå vilka de är. Jag vill inte tynga någon med moraliska och etiska restriktioner. Alla har en viss uppfattning om etik baserat på hens uppväxt och kultur, och lever enligt, eller emot, sina begrepp. Här talar vi inte om moral utan om att ta reda på *vem som verkligen är*. Till det behövs inga förutsättningar. Det kan räcka med att ha en glödande längtan för frihet. När verklig frihet ges då måste den vara här och nu. När sanning ges då måste den vara här och nu. Historien har visat att både människor som av andra sågs som etiskt orena eller som hade ett beteende som ansågs moraliskt opassande har upplevt uppvaknande – helt oberoende av hur deras liv tidigare såg ut. Om uppvaknandet ledde till att de blev "bättre" människor, bra, men det är inte det viktigaste. Det viktigaste är självkännedom. Och självkännedom är möjligt oavsett vilka begränsningar som finns.

De flesta verkar ha svårt med att vakna upp spontant. Det förefaller finnas ett hinder för detta. Vad ser du som anledningen till att det inte enbart räcker med att höra talas om sanningen? Vad är din erfarenhet om vad som är nödvändigt för att övervinna hindret?

MADHUKAR: Hindret är identifikationen med kroppen och sinnet. I en nyfödd finns inte detta än. Man kan säga att det lärs in i oss. Med tiden komprimerar vi det inlärda till en skenbar verklighet och antar att vi är personen, som i själva verket inte är något annat än ett komplext nätverk av tankar och känslor.

Atma-vichara är mycket hjälpsamt med den enkla frågan: "Vem är jag?" Generellt antas det felaktigt att *atma-vichara* är en övning som görs för att uppnå ett visst tillstånd, eller att målet är att vakna upp. I själva verket hjälper *atma-vichara* till med att demaskera de hinder som får oss att tro att vi inte är fria. Utöver detta är det mycket fördelaktigt att ha kontakt med någon som redan har vaknat upp.

Hur skiljer sig perceptionsförmågan från en som har vaknat upp och en vanlig person? Ser hen sin omgivning annorlunda?

MADHUKAR: Skillnaden ligger i den identifikation jag har talat om. Den som har vaknat upp *är* självet. Men den vanliga personen är helt identifierad med sina fysiska och mentala uppfattningar, sitt humör och sina lustar. Man kan gå så långt som att säga att hen är beroende av sina kroppsvätskor och är fångad i hjärnans biokemiska reaktioner; även om hen kommer från hjärtat, är hen ändå identifierad med jag-tanken. Den som däremot har vaknat, har insett bortom alla tvivel att hen är Det – evigheten som allt sker i.

Nu är det inte så att jag ständigt säger till mig själv: "Jag är den eviga som allt sker i". Varat är helt naturligt, en uppdelning mellan evigheten och det dagliga livet existerar helt enkelt inte.

Som vi känner till uppfattar var och en av oss världen subjektivt, men vi antar att det finns en fast objektiv verklighet. Även jag uppfattar denna värld med sin skönhet och sitt lidande, men medvetenheten om existensen i sig, självet som inte påverkas av något, är helt enkelt mer hållbar och varaktig. Sanningen är en oerhörd klarhet och naturlighet.

Sker uppvaknandet över tid eller sker det ögonblickligt? Kan du beskriva hur det var före och efter utifrån din egen upplevelse?

MADHUKAR: Så länge som du tror att du är fast i en slags process kommer det att se ut som om du befinner dig mellan illusion och sanning, mellan det dagliga livet och verklighetens kristallklara ljus. Den djupa sömnen, drömmarna, det vakna tillståndet – vem uppfattar allt detta? I den stund du vaknar inser du att du alltid var vaken, att du aldrig var något annat än denna närvaro, att du endast hade riktat din uppmärksamhet emot yttre fenomen.

Jag skulle vilja jämföra detta med hur vi uppfattar solen. Vi vet att solen alltid lyser. Men en molnig dag säger vi: "Idag lyser inte solen." Men solen finns där hela tiden. Det är bara det att molnen har kommit mellan oss och solen. När molntäcket skingras igen säger vi: "Nu lyser solen." På samma sätt säger vi att: "Solen går upp," men i själva verket är det jordens rotation som får det att se ut som om solen går upp och ner. Det som beskrivs som uppvaknande fanns redan här. I verkligheten finns det inget uppvaknande. Om det fanns skulle det innebära att vi inte var vakna tidigare. I verkligheten finns friheten alltid här. Du kommer att se att du redan var vaken många stunder i ditt liv men att du inte hade insett vad verkligheten egentligen var. Ingen hade uttryckligen förklarat för dig att sanningen är *nu!* Det sanna självet är *nu!* När du "vaknar" inser du att du alltid var vaken. Det finns inget annat.

Hur upplevde du detta uppvaknande? Som en konsekvens av dina ansträngningar? Eller vad hänför du det till att du vaknade i ett särskilt ögonblick?

MADHUKAR: Jag hänför till det nåden. Ansträngningar är bara skenbara ansträngningar. De kan ha varit nödvändiga för personen men inte för den jag är. Jag behöver inga ansträngningar. Med nådens hjälp följde jag min längtan efter frihet och min mästares uppmaningar. När jag för första gången hörde om hans budskap var det från en *yogi* som talade negativt om Papaji, ett riktigt dåligt uttalande om, denne för mig obekante mästare. Jag lät mig inte påverkas av hans åsikter utan uppmärksammade snarare Papajis budskap om friheten: "Du är redan fri! Du behöver inte göra någonting! Du behöver inte meditera. Du behöver inte göra någon *sadhana*. Inga andliga övningar! "Det var som att bli slagen med en stor påk – glasklart. Jag kunde bara bekräfta: "Ja! ja! Ja!" Varför? Jo, eftersom jag precis som så många andra bemödat mig, och som *yogi* stigit upp tidigt varje morgon, gjort mina övningar och mediterat i årtionden, så insåg jag att även om alla dessa aktiviteter hade fört mig till underbara upplevelser, upplevelser som människor med andliga intressen längtar efter, hade det inte gett mig tillgång till sant förverkligande, jag visste fortfarande inte *vem* jag är. Det gav mig upplysning, energiexplosioner, transcendentala tillstånd, utanförkroppen-upplevelser – med andra ord de mest färgrika verkligheterna medvetandet kan skapa, men det gav mig inte sanningen.

Jag var trött på att praktisera alla dessa övningar, trött på sökandet i kristendomen, shamanismen, buddhismen, tantrismen och alla filosofier. Jag ville ha frihet. Och när man verkligen strävar efter frihet och man hör detta meddelande om frihet är det en fråga om ett omedelbart igenkännande. Så naturligtvis kände jag en uppmaning att genast träffa denna *guru*. Jag tog första tåget och begav mig ut på en fyrtiotvå timmar lång tågresa genom hela Indien. Vid stationen i den gigantiska staden Lucknow insåg jag plötsligt att jag inte ens visste var han bodde. Dessutom kände jag inte till hans riktiga namn. Bara hans tilltalsnamn, "Papaji", som betyder "Aktningsvärd Far". Ändå fann jag honom efter en kort tid. Och första gången vi möttes föll en stor börda bort från mina axlar: hela mitt förflutna, allt jag hade lärt mig, alla andliga upplevelser jag hade haft föll bort. Jag kunde inte acceptera honom som min mästare direkt, det växte

fram gradvist under tiden som jag konsekvent tillämpade hans re-
kommendationer. Och på så sätt skedde allt så som det måste ske.

*Men kan man ändå inte säga att ditt personliga uppvaknande var
resultatet från dina tidigare ansträngningar, precis som klassiska
yoga-metoder beskriver det? I din korta biografi kunde jag läsa att
du hade en stor kundalini-upplevelse, och oftast ses upplysning som
slutpunkten för dessa olika upplevelser.*

MADHUKAR: Inom *yoga* är *samadhi* målet. Att uppleva *samadhi*
är något underbart och sällsynt, men det är fortfarande ett slags
tillstånd. Det finns kraftfulla *yogier* som kan styra sina kroppar och
sinnen men som ändå inte nödvändigtvis insett vilka de är. Det kan
förefalla som om det var de medvetna försöken, eller den så kallade
andliga vägen, som ledde till uppvaknandet. Men i själva verket är
det nåden och mästarens närvaro som gett resultat. Det är uppen-
bart att den andliga vägen inte är annat än en fördröjning för många
människor, vilket hindrar dem att inse vad som redan finns här.

Folk sliter ut sig med andliga övningar, och allt de uppnår är en
försening av sanningen. Sanningen finns redan här. Vi övar för att
nå den eftersom vi tror att det finns en orenhet i kroppen eller i sin-
net, att vissa relationer måste redas ut, att vi fortfarande bär på
saker från vår barndom eller att bandet till våra föräldrar kräver ett
visst processande, och så vidare. Faktum är att självet aldrig har
berörts av några relationer eller upplevelser. Självet är helt och hållet
oberört, fullständigt rent, alltid här, alltid nu!

Kan personen fortsätta att utvecklas när detta väl har insetts?

MADHUKAR: Personen kan utvecklas men inte självet. Vad menar
du med att utvecklas?

*Jag tänker på två vishetsmän som bodde ganska nära varandra geo-
grafiskt: Sri Ramana Maharshi och Sri Aurobindo. De hade liknande
insikter men formulerade sina läror olika, om man nu kan tala om
en lära i Ramanas fall. Ramana såg självet som något statiskt, så att
säga, medan Aurobindo efter att ha upplevt nirvana, påstod att
medvetandet innehåller ytterligare utvecklingsstadier.*

MADHUKAR: Sri Aurobindo förutsätter att det gudomliga kommer
från ovan, sänker sig ner i medvetandets lägre lager för att sedan

stiga upp igen. Så han hävdar att det är en sorts process. Detta är inte vad jag har insett, för absolut sanning känner inte till processer, bara kroppen och sinnet känner till processer. Det kan ha hjälpt Sri Aurobindo och hans lärjungar att utöva detta. Är det absolut sanning? Sanningen är att det gudomliga redan finns här. Det kommer inte från utsidan men finns närvarande inom var och en av oss.

Den andliga vägen är ofta likställd med en förfining av personligheten. Är det oundvikligt att psyket förändras efter att en människa har vaknat upp?

MADHUKAR: Det går inte att generalisera. Det kan ta många olika former. Vissa som vaknar drar sig undan helt efter uppvaknandet. Andra försummar sina kroppar och lever som vildar. Ramana Maharshi levde å andra sidan ett mycket rent liv och var redo tjugofyra timmar om dygnet för att ta emot alla som kom för att besöka honom.

Min erfarenhet är att om något måste förfinas eller förändras kommer det att ske av sig själv, särskilt när du är grundad i självkännedom. Min mästare sa till mig: "Du behöver inte förändra någonting."

Att sträva efter att bli en bättre människa är bra men det är tyvärr ingen garanti för uppvaknande. Buddha sa en gång: "Att vistas i självet den tid det tar för en myra att krypa från nässpetsen till näsbryggan, är bättre än tre liv fyllda av goda gärningar." Med andra ord, buddhismens grundare, i vilken empati och goda gärningar har en sådan central roll, förklarar att det viktigaste är att vistas i självet.

Vad motiverar dig personligen att tala om detta? Du kommunicerar i vad som kallas satsanger, som har en bestämd struktur. Jag skulle nästan vilja påstå att det är en ritualiserad form av en viss sammankomst. Varför just på det här sättet? Fick du det här från din mästare? Är det effektivt?

MADHUKAR: Det *är* effektivt! Den enorma tacksamheten många visar mig på grund av vad som händer med dem här visar bortom alla tvivel att träffarna är välgörande. Jag är inte motiverad på något sätt. Allt sker av sig själv. Ibland säger jag på skämt att jag är min mästares slav. Kanske jag kan förklara det med hjälp av det gamla sättet som man hedrade människor på i gamla indiska och tyska seder: om du räddar någons liv står de i skuld till dig för resten av sina liv. Jag hade ursprungligen inte någon önskan om att leva och arbeta som jag gör nu. När jag åkte för att träffa Sri Poonjaji var det för att jag hade den konkreta önskan om att vara fri. Allt annat är en följd från det mötet. Efter två år profeterade Papaji på en *satsang* att många människor, "hela världen", som han uttryckte det, skulle komma till mig. På den tiden verkade det mycket orealistiskt, och inte heller speciellt tilltalande. Och vad hände några år senare? Jag blev inbjuden att hålla *satsang* av några som kände sig dragna till mig, och jag accepterade deras inbjudan. Och detta i sin tur har gjort att jag nu åker runt och håller *satsanger* året om, och tusentals människor kommer och delar detta med mig. Jag tycker det är bra som det är.

När det gäller *satsangernas* upplägg är det så att jag inte ser någon anledning till förändring. Formen i sig är inte särskilt viktig. Det är vad som uppenbarar sig i *satsangerna* som är det viktiga, det är underbart och obeskrivligt. Upplägget är ganska enkelt – tystnad och dialoger. Dialogerna hjälper till att klargöra frågor och tvivel. Det är bra när människor kan bli av med sina tvivel. Klarhet är underbart. Klarhet är nyckeln till paradiset. Varför är tystnaden en så viktig del i sammankomsterna? Därför att det bara är i tystnaden som sanningen uppenbarar sig.

Utöver detta tillkännager jag alltid i början av *satsangerna*, i enlighet med en gammal tradition, *gayatri mantras* önskan om att hela mänskligheten och att alla varelser ska finna frid. Även om det inte har varit fred i världen under tiotusentals år, fortsätter vi att önska detta.

I början tonar jag in ett "OM". Detta *mantra* gladde mig och fascinerade mig redan när jag kom till Indien första gången för tjugofem år sedan. Enligt vediska insikter skapas hela universum ur detta ljud. Bland dagens ungdomar har *mantrats* logotyp blivit ganska populär. Min mästare sjöng också "OM" och talade om den stora kraften det har. *Mantrat* är ett universellt ljud som även finns i den kristna traditionen, som "amen". Och i buddhismen som "aum", och i islam som "amin".

I övrigt är *satsangerna* ganska fria. Ibland kan ämnena bli ganska okonventionella och humoristiska. Och ibland finns det en mer helig atmosfär. Emellanåt dansar människor till någon musik, och inte så sällan skrattar eller gråter de, det beror på. Icke dess mindre smakar fint vin definitivt bättre när det serveras i ett elegant glas än när det serveras i en plastkopp. Även om upplägget inte är det främsta är det det första som folk uppfattar. Men i själva verket är det något helt annat som står på spel, nämligen självinsiktens klarhet och kärlek.

Arbetar du medvetet med en slags energi som du vidarebefordrar till människor? Du möter deras blickar och ser dem i ögonen under lång tid. Det är många stunder av tystnad. Finns det en medveten impuls i dig att hjälpa människor? Kan du känna om någon vaknar upp? Åstadkommer du något medvetet?

MADHUKAR: Vi är alla energier. När du verkligen vet detta behövs inte längre några ansträngningar. Då flödar nåden ständigt. Tanken att jag är den som hjälper finns inte. Kanske får jag någon impuls eller en hint om var personen framför mig befinner sig, vilket kan vara användbart. Men i verkligheten sker allt helt av sig själv. Tystnaden är det bästa mediet. Allting sker ur och i tystnaden. Tystnadens kärlek är formlös men ändå så begriplig.

GÖR INGET OCH FÖRBLI LYCKLIG

Intervju med Madhukar av Marianne Sherer för *Yoga Aktuell*.
Augusti/September 2006

*K*om *din upplysning helt ur det blå eller tillbringade du lång tid på den andliga resan?*

MADHUKAR: Så länge jag kan minnas har jag varit andligt resande. Så länge det har funnits medvetande har det också funnits existentiella, andliga och religiösa upplevelser, och ett sökande efter varat, ett intensivt andligt sökande.

Jag ställde mig många filosofiska och religiösa frågor långt före den kraftfulla upplevelsen av upplysning som jag hade på 80-talet. Frågor som uppstår spontant hos alla med ett sunt förnuft. Varför upplevelsen av upplysning kom just då, helt ur det blå och inte under en andlig övning eller en retreat utan spontant är något jag inte kan svara på.

Det jag upplevde då är något som kan förklaras som en explosion av *kundalini*-energi där alla *chakras* öppnades. Det är något underbart, något som många sökare strävar efter. Plötsligt blev jag kastad in i dessa upplevelser. Eller rättare sagt, jag kastades *ut* i olika medvetandetillstånd och transcendentala upplevelser bortom tid och rum, tillsammans med lycksalighet, ljusmanifestationer etc.

Men dessa transcendentala erfarenheter är inte det jag hänvisar till i *satsang*. Jag pekar istället på det som är djupare och som jag kallar för självet eller hjärtat. Det kallas också för uppvaknande. När det gäller upplysning finns det vissa skillnader. För Sri Ramana Maharshi, som är min mästare Poonjajis *guru*, är upplysning insikten om det sanna självet och inte det som inom *yogans* tradition oftast kallas för *samadhi*. För *jnanin*, kunskapens *yogi*, är upplysning det absoluta medvetandet – en permanent upplösning av identifikationen med kroppen och sinnet, som motsats till att ha särskilda upplysningstillstånd.

Är det nirvikalpa-samadhi då som anses vara det högsta tillståndet av upplysning?

MADHUKAR: Nej, för *nirvikalpa-samadhi* är fortfarande ett upplysningstillstånd. Det jag hänvisar till kallas även för *sahaja samadhi* – naturlig upplysning. Det är inte ett tillstånd som olika *samadhi*-upplevelser kan ge, utan istället en permanent insikt om varat. Det som alltid finns är ingenting som kommer och går. Detta är den högsta *yogan*: *Jnana-yoga*. I *jnana-yoga* handlar det inte längre om att utföra *asanas*, andningsövningar eller använda meditation för att nå olika medvetandetillstånd. I den högsta *yogan* är det enda viktiga den oförstörbara insikten om det sanna självet.

Så då kan man bara släppa allt och hoppas att man på något sätt kommer att vakna upp till självet! Eftersom vi västerlänningar är så inriktade på framsteg verkar denna idé nästan provocerande.

MADHUKAR: Det här kommer från ett program som är djupt rotat i oss och som säger att man måste göra något för att uppnå något, att man måste göra en insats. *Yoga*-övningar och meditation är utan tvekan bra för kroppen och sinnet. Men de är inte en del av *advaita*. I *advaita* är den enda angelägenheten uppenbarelsen om det ansträngningslösa självet.

Intresset för advaita växer. Varför är det så?

MADHUKAR: Bokstavligt översatt betyder *advaita* "inte två" eller "ej tvåfaldighet". *Advaita* är Enhetens mysterium där inga separationer existerar. Enhet och frid är tilltalande och attraherar naturligt fler och fler människor, så även här.

Vårt sinne, vår kunskapskraft, kan inte förstå självet. Den ursprungliga källan, den rena livskraften, som även ger tankeorganet liv, känns sällan igen och levs ännu mer sällan medvetet. På samma sätt som man bara kan se sina egna ögon med hjälp av en spegel kan inte heller sanningen ses. Man kan föreställa sig och känna igen ögonen men man kan inte se dem. Det är likadant med självet. Det är anledningen till att så många människor har svårt med att helt enkelt bara *vara*. Och att bli hänvisad i riktning emot Enheten kan till och med ses som en provokation, precis som du påpekar.

Så om någon finner sann *advaita* är det vanligtvis någon som har förberett sig på detta i förväg, som har gjort andliga övningar, som har levt ut åtskilliga saker och fått mycket att blomstra i sina liv. Förutom att en viss andlig mognad finns där, förstår hen att hen ännu inte har nått den slutgiltiga sanningen. Och hens sökande går ännu djupare – till *atma-vichara*.

Var det så även för dig?

MADHUKAR: Ja. När jag fick denna underbara upplevelse av upplysning som så många *yogier* och andliga sökare strävar efter – en helhet och total avsaknad av tid och rum, upplevelser av ljus och lycksalighet, det som jag talade om tidigare – var det en stor nåd. Men jag insåg snart att dessa erfarenheter fortfarande inte var den slutgiltiga sanningen. Människor som haft någon erfarenhet av upplysning är snabba att skapa koncept ur det och skriva böcker om sina erfarenheter. Men jag ställde mig ytterligare frågor, eller frågorna presenterade snarare sig själva för mig: "Vem hade denna upplevelse? I vem har det hänt? Vem erfor detta öppnande, denna upplysning? Vem finns alltid här?"

Advaita börjar faktiskt med denna typ av frågeställningar, och med insikten att "det här är inte det, det där är inte det". Kroppen är inte *det*, sökandet var inte *det*, det sinnet upplever och föreställer sig är inte heller *det*. När detta förstås, då kommer insikten.

Kapitulation och *atma-vichara* kan samverka till den här insikten. Eller så kan insikten explodera helt spontant.

Vad är det egentligen som sker i dina satsanger? Jag har sett när människor sitter där lyckliga, några av dem genomborrar dig med sin blick, andra verkar vara i trance, en del verkar osäkra, andra fundersamma ...

MADHUKAR: Det är ett mysterium. I *satsangens* tystnad händer något obeskrivligt: människor upplever frid och för många fortsätter friden även efteråt. Människor kommer till mig, lockade av denna frid, denna kärlek. När de en gång har upplevt friden och även kärleken som kommer ur den fortsätter de att känna sig attraherade och fortsätter att komma tillbaka.

Krishna, kärlekens inkarnation, liksom även Kristus, porträtteras ofta som en fåraherde som drog till sig människor på ett magnetiskt sätt med sina ögon; de upplevde kärlek och glädje genom dem, och de kände att lyckoaspekten i livet spelar en viktig roll. Det handlar inte bara om att bara sitta tyst. Att sitta tyst är också underbart men det är även fint när man kan uppleva glädje och kärlek när man till exempel dansar eller talar. Denna kärlek är ett uttryck för självkännedom. För kärleken visar sig genom insikten att endast friden är. Jag säger det igen och igen: Absolut verklighet är tystnad – absolut tystnad.

Ursprungligen fanns bara tystnaden och tomheten, och ur detta kom universum som ett första uttryck för kärleken. Endast genom förståndets tvåfaldighet faller allting in i de tillstånd som vi kallar bra eller dåliga, glädjefyllda eller smärtfyllda etc. Men ursprungligen var allt kärlek, och det är väldigt vackert när människor i *satsang* har samma erfarenhet.

Upplevde du också detta med din lärare Papaji?

MADHUKAR: Ja, han var fylld med en enorm kärlek, även om det också fanns en viss radikalitet i sättet som han hänvisade sina besökare, eller elever, till sanningen om sig själva på: att *här och nu* är man inte begränsad till en kropp och ett sinne, utan man är i själva verket friden själv. När denna inställning till medvetandet som sådant finns, måste sinnet, med sin envisa attityd att ständigt dras till framtiden eller det förflutna – till gamla erfarenheter – mjukna. Och då är man i nuet. I nuet finns frid, och i friden uppenbaras kärleken.

Numera befinner sig många på den andliga vägen. Och en del har haft små eller stora upplevelser av upplysning, men oftast stannar den inte kvar. Med dig var det annorlunda. Ser du detta som nåd?

MADHUKAR: Allt är nåd. Att vi sitter här nu är nåd. Att jag kan äta en kringla med smör på är nåd. Att vi kan tala är nåd. Det är alltsammans nåd. Naturligtvis är det också en stor nåd att inse det sanna självet och att kunna stanna kvar däri.

Varför inkarneras människor i ett visst land? Du föddes till exempel i den kristna traditionen men lär nu ut advaita. Är det här en speciell uppgift som getts till dig?

MADHUKAR: I kristendomen, i buddhismen och i hinduismen finns många olika begrepp om inkarnation. Det finns begreppet om själar som lever vidare, som fortsätter sina liv i transcendentala kroppar. Det finns också reinkarnationsprincipen, utvecklingen från djur till människa och eventuellt sedan tillbaka igen. Det finns alla möjliga slags idéer som kan vara sanna, men de kan också vara inbillade. Hur som helst är de begrepp.

En sak som är säker är att vi befinner oss här. Kroppen är också viktig och vi bör behandla den med omsorg. Och detsamma gäller vår intelligens, vår omgivning, våra medmänniskor, vår miljö och vår frihetskultur.

Var det därför du återvände till Tyskland efter att ha levt långa perioder i Indien?

MADHUKAR: Ja, för att jag älskar mänskligheten. Jag återvände till Tyskland för att vara i *satsang*. Jag känner folket här och därför kan jag vara till nytta och behjälplig. Jag känner till tyskarnas goda och dåliga sidor, djupet i deras sinnen, det uppriktiga sökandet efter sanning och lycka och att söka förståelse, samt den beundransvärda förmågan att lära av historien och den stora kapaciteten att gå bortom den. Men jag är också bekant med en viss svårighet och tungsinthet hos dem. Med stor glädje och beundran ser jag att människorna här verkligen har lärt sig något, att de fortsätter, att de fördjupar och intresserar sig för världsfreden.

Många kommer till mig för att de vill veta vilka de egentligen är, för att de är på jakt efter sitt sanna själv. I självförverkligandet försvinner nationalitet, kön och all historik. Endast medvetandet finns här. Utmaningarna i vardagen fortsätter naturligtvis men man kan leva bättre med dem, och i större glädje.

Människorna i satsang stirrar förväntansfullt på läraren, nästan som om de förväntar sig mirakel från honom. Är det inte en utmaning eller till och med en frestelse för läraren?

MADHUKAR: För vissa lärare kan det vara så, men jag beskriver inte mig själv som en lärare. Många ser mig som en vanlig person och mitt umgänge med dem är på ett helt vanligt sätt. Andra ser mig som en mästare som har vaknat upp. Mästaren är inte beroende av beröm, kritik eller tillbedjan. Att idolisera mig gör mig ingenting. För mig är allt som spelar roll uppmärksamheten till Det – den absoluta verkligheten – och att vi i sanning är fria. Att vi kan uppleva inre frid och leva fridfullt är för mig det viktigaste.

Vilka framsteg gör eleverna eller människorna som kommer till satsang?

MADHUKAR: Det är olika i varje enskilt fall. När människor känner sig tilltalade av det jag säger testar de *atma-vichara*, åtminstone en tid, och sedan börjar olika saker hända i deras liv. Exakt vad som händer är något som inte kan sägas i förväg. För vissa uppenbarar sig insikten gradvist, medan det för andra kommer plötsligt. Vissa människor ändrar sina liv, även om jag inte uppmanar till det. Saker tenderar att ske av sig självt. Många är tacksamma och kommer och delger underbara upplevelser de haft under eller efter *satsang*. Många människor fortsätter att leva ett mer glädjerikt och lyckligare liv. De befrias från sina rädslor och bekymmer. De får mer livsglädje, blir mänskligare, kärleksfullare och tydligare. Det är så det ska vara.

Så du ger inga konkreta förslag?

MADHUKAR: När människor är nära mig kan det hända. Allt bara sker helt enkelt. I *satsang* har människor möjligheten att ställa frågor om sina dagliga liv och det som är viktigt för dem. Det behöver inte alltid vara att vakna upp. Människor frågar också om privata saker och jag svarar vad som är lämpligt i den givna situationen.

Vilken var din relation till din lärare Papaji? Hur fungerar relationen nu när han inte längre är i kroppen?

MADHUKAR: Det hade varit underbart om han var här nu och jag kunde sitta tillsammans med honom! Förvånande nog upplevde jag, natten han lämnade sin kropp, enbart glädje i mig ... en obeskrivlig glädje. Vid tillfället körde jag bil från Berlin till Amsterdam och lyssnade på Krishna-musik. Papaji, som var en stor Krishna-*bhakta*, gav mig då en present: ren och enkel glädje. Sedan dess är endast glädje här. Jag behöver inte ens tänka på honom eftersom han alltid finns här. Han är självet. Därför ser jag, precis som han, ingen skillnad på honom och mig. Allt är bra precis som det är.

Det som slår mig när du talar till tyska besökare är att du använder det formella "sie". De flesta lärare gör inte det. Försöker du skapa en distans?

MADHUKAR: Nej, det här är helt enkelt en tilltalsform som visar på respekt. Att vara bussig passar inte i *satsang*, men att visa varandra ömsesidig respekt är bra. Papajis modersmål var persiska och i det språket använder man av respekt det formella tilltalet när man talar till dem man älskar och som står en nära. Och om man stöter på en främling på stan talar man mer enkelt – motsatsen till hur det är i Tyskland. Det tilltalet har på så sätt följt med mig.

Det finns en stor närhet mellan mig och vissa elever. Och jag kände stor vördnad för Papaji. Denna respekt var mycket fördelaktig för mig, och jag kunde nyttja den. Och kanske känner andra i mina *satsanger* på samma sätt som jag.

Var Papaji en sträng mästare?

MADHUKAR: Å ena sidan var han älsklig och full av humor. Å andra sidan kunde han, beroende på situationen, behandla besökare med stor klarhet som också kunde uppfattas som strängt. För han konfronterade alltid alla som kom till honom med absolut sanning. Han sa inte till människor att de skulle meditera i flera år utan uppmanade dem istället att omedelbart använda *atma-vichara*. Han förklarade saker strikt men också med och av kärlek. Hans största angelägenhet var att få folk att sluta skjuta upp sitt andliga uppvaknande och istället se till vad som är här och nu. Han kunde säga: "Sluta söka. Sluta med allt ni gör. Var tysta och *förstå!*"

Vad säger du till de som frågar dig om hur man finner lycka?

MADHUKAR: Jag skulle säga att sann lycka återfås genom själv-kännedom. Tystnad är mycket viktig för detta. Vi identifierar oss krampaktigt med vår egen person, med våra erfarenheter från glädje och smärta, och förbiser det som alltid finns här – lycka. Lyckan är *alltid*, jag behöver inte framkalla eller jobba för den. Enbart tillåta den. Oftast söker vi efter lyckan i framgångar, rikedom och partner-skap. Vi jagar efter tusentals önskemål men allt vi finner genom detta är kortvarig lycka. Jakten är förgäves. Det är fördelaktigt att bara sluta med det vi gör och inse att lyckan redan finns här. Absolut lycka är bortom hjärnans neuroner. Vardaglig lycka kommer genom sinnliga upplevelser och önskningar – den är tillfäl-lig och kommer och går. Den skapas av biokemiska reaktioner i hjärnan som vi för det mesta är omedvetna om. Men sann lycka är ursprunglig och alltid här. Den är allomfattande. Ingen kan ge den till oss eller ta bort den från oss.

Sann lycka förändras inte. Genom *atma-vichara* inser vi denna lycka. Många metoder är avsedda till att framkalla lycka – meditat-ion, sång, övningar etc. Men i allt detta har tidsfaktorn en betydelse och processen kan ta mycket lång tid.

I mina *satsanger* uppmärksammar jag det som alltid finns – va-rat. Genom kapitulation, som generellt sett är svårt för västerlän-ningar, eller *atma-vichara*, som innebär att rikta sitt medvetande till själva medvetandet, uppenbaras det ansträngningslösa varat.

Behöver man en guru eller lärare?

MADHUKAR: Min erfarenhet är att mötet med Papaji var mycket fördelaktigt för mig även om jag inte letade efter en *guru*. Först drogs jag bara till honom på grund av hans kärlek och klarhet. Jag insåg genast att han talade sanning, och jag kände lättnad och tyst-nad under hans *satsanger*. När jag var tillbaka i mitt dagliga liv blev mitt sinne ofta mer högljutt än tidigare. Därutöver var jag rädd för regler och dogmer. Men Papaji brydde sig inte om det. Han fortsatte förträffligt att framhålla vem jag verkligen är, och han sa till mig att jag skulle använda mig av *atma-vichara*.

Detta sker även i *satsang* med mig. Jag uppmanar människor att använda *atma-vichara*. I min närvaro kan människor ha en existen-tiell upplevelse och det är det som de också säger till mig – att friden *är!*

Kan vem som helst komma till dina satsanger? *Behövs ingen förberedelse eller invigning?*

MADHUKAR: Träffarna är offentliga. De som känner sig dragna att komma är välkomna, förutsatt att de är civiliserade och tar hänsyn till varandra.

Kan du se en elevs inre utveckling?

MADHUKAR: Det är ingen skillnad på mästare och elev. Det finns varken lärare, elever eller läror. I verkligheten finns bara självet, vilket är anledningen till att jag inte skiljer på människor. Människor ser sig själva som elever eller lärjungar, och ser mig som en lärare. En sann mästare kan vara fördelaktigt, till och med extremt fördelaktigt. Man kan dra stor fördel av mästarens närvaro.

Traditionsenligt sägs det att man inte kan hitta vägen ut ur den sensoriska perceptionens labyrint och den intellektuella erfarenhetens snårskog utan en *guru*. Mästaren är ett hjälpmedel eftersom hen alltid betonar det sanna självet. Somliga kommer till mig och under sker. En som kommer till en sann mästare behöver inte göra något annat. Allt sker genom hen. Man kan uttrycka det på det här sättet: Gör inget och förbli lycklig!

Ska du stanna kvar i Tyskland?

MADHUKAR: När jag först blev inbjuden ville jag egentligen bara komma hit en kort stund för att dela min erfarenhet av att vara i *satsang*. Men det kom så många och flera vackra kärleksfulla relationer utvecklades. Det är anledningen till att jag är kvar.

Skulle du själv vilja upprätta ett ashram?

MADHUKAR: Nej, absolut inte. Ingen har någonsin vaknat upp i ett *ashram*. Lärare upprättar *ashrams*. Men de skulle ha vaknat upp innan, för endast då kommer de att verkligen kunna hjälpa mänskligheten. Annars är de bara till en belastning med sitt förkunnande om ytterligare övningar och plikter.

*Din bok "Dialoger med Madhukar: den enkla vägen till inre frihet"
innehåller dialoger från dina satsanger. Kommer du att ge ut fler
böcker?*

MADHUKAR: Den bok du nämner skrevs inte på ett traditionellt
sätt utan innehåller transkriptioner från mina *satsanger*. De är sammanställningar som handlar om sökandet efter varat.
Ibland upplever man något underbart som sker genom nåd. Vanligtvis frestas man att skapa begrepp runt upplevelsen för att förklara hur andra kan uppnå samma sak – vad som bör göras för att
få en liknande upplevelse. Med tiden blir dessa begrepp religion.
Och än en gång är man tillbaka i samma gamla visa som har upprepat sig i årtusenden. Därför skriver jag inte några begreppsmässiga
böcker. Istället spelas det som äger rum i *satsang* in: tystnad och
människor som ställer frågor och svaren jag ger.
Något som naturligtvis inte kan förmedlas i en bok är den underbara energin som strömmar i *satsangerna:* Enhetens mysterium,
kärleken och friden. Detta går att erfara i det direkta mötet med en
mästare. Det är oerhört värdefullt att komma till *satsang*.

Vad är advaitas grundläggande visdom?

MADHUKAR: En trilogi har skrivits om det liv min mästare Papaji
levde. Titeln är: "Ingenting har någonsin hänt." Detta är sanningen.
Det underbara är att även neurologin – forskningen om hjärnan och
medvetandet – och till och med fysiken, gradvist börjar ta itu med
existensens och icke-existensens hemligheter. Kvantmekaniken förklarar till exempel att det finns partiklar mindre än kvarkar som
kallas strängar som i ett avseende är verkliga och samtidigt ickeexisterande.
Så är livet. Det är och det är inte. Vi njuter av våra erfarenheter
och vi lider med det, men i verkligheten är det tomt. Allt kommer
och allt försvinner. Friden är. Detta är *advaitas* grundläggande visdom!

Tack för intervjun!

MÄSTARENS HEMLIGHET

Intervju med Lejonet från Lucknow, Sri H.W.L. Poonja.
Av Madhukar, april 1994 Lucknow, Indien.

Vem är du?

SRI H.W.L. POONJA: Jag är Det.

Det här och det där, eller bara Det?

SRI H.W.L. POONJA: Inte det här eller det där. Detta Det är det Det. Om till exempel någon pekar med fingret mot månen, och du bara iakttar fingret, kan du inte se månen. På samma sätt, om du håller fast vid det, kan du inte se Det.

Vad är kärnan i din lära eller icke-lära?

SRI H.W.L. POONJA: Jag lär om det som inte kan fås genom någon lära. Min lära kan inte läras ut. Jag har ingen lära om kärnan som alla läror uppstår ur. Essensen behöver inte någon lära eller icke-lära för den är bortom allt. Den är Det varur allt framkommer, allt uppstår. Även alla ord.

Från varats själva källa.

SRI H.W.L. POONJA: Från själva källan som allt kommer ur. Även detta samtal.

Dina elever säger att du är självförverkligad. Är du det?

SRI H.W.L. POONJA: Jag säger inte själv att jag är det. Inte heller har jag en skylt som säger: "Här kommer en upplyst person." Nej, jag ser ingen skillnad på dig och mig. Jag säger aldrig att jag är självförverkligad.

Är det någon skillnad på självförverkligande och upplysning?

SRI H.W.L. POONJA: Ja, fastän dessa ord används som synonymer finns det en skillnad mellan självförverkligande och upplysning. Förverkligande är insikter som kommer efter övningar eller metoder där det som förståtts inte fanns där förut. Att vakna genom olika metoder kallas förverkligande.

Upplysning är att vara medveten om något som inte tidigare var helt klart. Det är som en diamant som du tycker liknar en kiselsten och där du senare får reda på att det verkligen är en diamant. Ljuset klarnar när du vet att det inte är en kiselsten och därmed blir den värdefull för dig.

Det är bortom medvetande och upplysning. Det är essensen.

Vem kan vara medveten om medvetandet? Och vem kan bli upplyst när det inte finns något mörker överhuvudtaget? Essensen finns redan här, och den visar sig för dig när stoftet från dina föreställningar rensats bort. Då kommer essensen automatiskt att visa sig, och ni kommer att smälta samman, och det kommer inte att finnas någon skillnad på dig och Det. Du kommer inte att se någonting annat. Ord kan inte förklara det.

Man måste dela och polera en oslipad diamant för att se att det är en diamant.

SRI H.W.L. POONJA: Även en oslipad diamant är en kolbit. Du kan slipa den för att passa i en ring eller ett halsband men diamantens essens är densamma. Formerna är olika och syftet skiljer sig. Men i sin ursprunglighet är den bara kolstoft.

I väst tror man antingen på gud eller så gör man det inte. Finns det en gud, och om det finns, vem eller vad är det?

SRI H.W.L. POONJA: Låt folk tro eller inte tro. Gud påverkas inte av någon trosform. Gud är din tanke och din egen skapelse. Du måste finnas för att säga att gud finns. Före din födelse fanns ingen gud eftersom du och tankar inte fanns där. Vem skapade skaparen? Skapande, bevarande och förstörande – bara en tanke.

Är varat detsamma som gud?

SRI H.W.L. POONJA: Varat är helt olik Gud. Gud är ett ord skapat av dig. Varat är bara varat. Det är inget som är skapat. Varat ligger bortom skapelse och undergång. Det som alla skapelser vilar i kallas för varat.

Det verkar som man kan frigöra sig och få ro efter många års andliga övningar. Sker det en process eller några framsteg innan förverkligandet?

SRI H.W.L. POONJA: Det är bortom att binda sig och att frigöra sig. När man frigör sig från det man bundit sig vid blir man bunden till något annat. Så frigörelse behöver binda sig till något annat och därför är det inte frigörelse – de samexisterar. Bundenhet beror på frigörelse och frigörelse beror på bundenhet.

Kärnan är bortom alla begrepp och är oberörd av varenda föreställning. Det finns varken utveckling eller framsteg i den. Vid framsteg har man använt någon metod, och metoder tillhör det förflutna. Varje lära som läraren har följt dumpas på dig, därefter börjar du öva. Oavsett vilken metod du påbörjar har du målet i åtanke; det som du vill uppnå är redan planerat i förväg: "Jag måste meditera i ett antal år, efter det kommer jag att få det." Detta planerande är din egen tankeskapelse. Faktum är att ingen process kan nå det eftersom det redan finns *här*. Om det inte redan finns här och du får det genom en metod, kommer du att förlora det. Allt du får kommer en dag att förloras. Men om det inte kan fås kan du inte förlora det eftersom det redan finns här och alltid kommer att finnas här.

Du säger att inga böcker eller övningar är nödvändiga men du själv har läst många böcker och skrifter och övat i tusentals timmar under denna livstid. Varför ger du detta råd?

SRI H.W.L. POONJA: Eftersom jag bara var en pojke på sju eller åtta år och vissa upplevelser visade sig. Jag gjorde inget för att de skulle komma, de bara uppenbarade sig. Ingen kunde förklara det för mig, och det beskrivs heller inte i några böcker. Senare försökte jag läsa böcker som skrivits av helgon, inklusive Gita, Bhagavatam, Upanishaderna och till och med Veda, men jag hittade inte något som samstämde med min egen upplevelse – jag fann att ingen talade om *det som jag är.*

Jag kom även i kontakt med många *guruer* från norr till söder, men det som de talade om var bara det som stod att läsa i böckerna, och de följde böckerna som fåren följer varandra. Ingen som jag träffade hade insett sanningen, och ingen talade om den. Därför avvisade jag alla läror, alla böcker och alla uttalanden som någon hittills hade gjort om Det.

Som Buddha. Efter att han lämnade sitt palats gick han till *yoga*-lärare och många andra lärare. Han avvisade samtliga. Vid ett skede gick han till människor som utövade mycket hård och svår botgöring, där de hängde som apor med fötterna fastbundna i trädens grenar. Han sa: "Åh, det här är inte det jag önskar." Och han fortsatte avvisa.

Han satte sig ner under ett bodhiträd när någonting plötsligt uppenbarades. Hans tjänare Ananda kom till honom och frågade: "Min herre, vad är uppenbarelsen?" Buddha förblev tyst.

Från tjugonio års ålder och under resten av sitt liv – i femtioett år – försökte han förklara, men han kunde inte för sinnet kan inte greppa det. Det finns heller inga ord som kan förklara det. Därför har ingen någonsin talat om det. Nu finns det *sutror* som försöker ge en förklaring till uppenbarelsen som Buddha upplevde. Eller som när Kashyap kom till honom och gav honom en blomma, han tittade på blomman och log, och Kashyap vaknade. Nuförtiden forskar folk på vad detta leende betyder. Ingen kan förklara det. Det finns en blomma där. Först och främst, vem kan le åt blomman? Och vad såg Buddha i blomman som han log åt när Kashyap insåg Det?

När jag talar är det inte ordens innebörd jag menar. Vissa förstår det, och de kan inte förklara vad som har hänt med dem. I sextio år har jag bett folk att beskriva det, men de kan inte. Vissa säger: "Vi

har fått allt. Här finns frid, här finns lycka, här finns en skönhet."
Jag frågar dem: "Vad är det?" De säger: "Det finns inga ord." Detta beror på att intellektet och sinnet – underlaget till alla förklaringar – inte är med dig. Du är helt ensam.

Jag upplever samma ensamhet, och du ber mig förklara. Men jag kan inte förklara. Hittills har det aldrig kunnat förklaras. Det har inget intellekt eller sinne. Du är bara ensam. Människorna här vet inte vad de förstått, men de vet att de har förstått det. Det är inte ens en upplevelse. Upplevelser beror på sinneserfarenheter, objektiva erfarenheter och deras samband, som blir upplevelsen och som kan förklaras. Men det som är bortom sinnet kan inte förklaras. Även Veda, kunskapernas bok, säger efter fyra verk: *"Neti neti."* Den här boken som skrevs av Vyasa för 25 000 år sedan, uppger ärligt att det är det som inte kan omtalas, och att den bästa förklaringen är *neti neti:* varken det här eller det där. Jag vet inget.

Så man behöver inga övningar?

SRI H.W.L. POONJA: Du behöver öva när du känner att du saknar något. Om du vill bli ingenjör till exempel. Du blir inte ingenjör innan du har gått på teknisk högskola. Därför måste du studera. Du tillbringar sju år på högskolan och får din examen som säger att du är kandidat eller civilingenjör.

Men här behöver du inte öva eftersom det redan finns här. Det du får kommer du att förlora. För att se det som redan finns här behöver du bara inse: Vem är jag just nu? Du hittar det inte genom metoder för sinnet är en bedragare. Sinnet föreslår det ena eller det andra, och det lyssnar du till. Sinnet har lurat dig i miljoner år. Lyssna därför inte på ditt sinne nu. Var tyst. Det kommer att uppenbara sig av sig själv.

Ordet för sinne på mitt modersmål tyska är "geist". Det har samma innebörd som ordet "spöke", dvs. ett icke existerande väsen. På tyska är alltså "sinne" och "spöke" samma sak.

SRI H.W.L. POONJA: [Vet att Madhukar är från Amsterdam] Människor som kommer till mig från Nederländerna, från Amsterdam, talar bara via sinnet. Jag försöker föra dem bortom sinnet. De säger att det inte är möjligt eftersom i Amsterdam måste vi ha med människor att göra, och det kan vi inte utan vårt sinne. Då säger jag att ni inte behöver sinnet överhuvudtaget. Sinnet kommer att bedra er. Säg en person som trivs med sinnet? Ingen alls. Varken kungarna eller kejsarna, inte ens Alexander den store trivdes med det. Man är bara lycklig när sinnet inte finns. När man somnar har du inget sinne och då är man lycklig. Varför? Eftersom ingen är lycklig i vakentillståndet eller i drömtillståndet. I dessa tillstånd kan allt möjligt ske, tigrar kan komma springande och rånare kan plötsligt stå framför dig. Det är på grund av våra relationer som ingen är lycklig. När man sover känner man direkt en viss lättnad och ro, men det är inte det tillståndet jag åsyftar. Det är bortom alla tillstånd, och när man är bortom känner man att man är Det, här och nu. Det är därför man är lycklig.

Om en vän frågar dig hur du sov säger du: "Utmärkt, jag hade inte ens en dröm." Vem upplevde lyckan medan du sov? Det är *du!*

Apropå drömmar. Innan jag skrev de här frågorna igår drömde jag om dig. Att du stod framför ditt hus och sa till mig: "Kom in i huset!" Då förändrades drömmen och du sa: "Vi tar en promenad tillsammans." [Papaji skrattar.]

För att förverkliga självet måste man släppa sinnet. Men hur kan sinnet vara skiljt från självet? Är inte sinnet bara ännu ett kreativt uttryck för livet?

SRI H.W.L. POONJA: Först och främst måste du förnimma något för att kunna släppa det. Som halsbandet du bär runt halsen. När du simmar i havet kan det sköljas bort, så du måste förvara det på stranden för att bevara det. Men sinnet kan inte ses. Ingen har sett sinnet. Så hur kan du släppa något som inte existerar? Det är bara ett begrepp om att det skulle finnas ett sinne och att du måste släppa det för att kunna vara lycklig. Du behöver inte släppa sinnet eftersom det inte existerar. Låt det vara där, det kommer att vara användbart för dig.

Är det här livet så dyrbart eftersom det går att förverkliga det? Går det bara att komma till insikt i den mänskliga formen?

SRI H.W.L. POONJA: Först och främst finns det inga former överhuvudtaget. Att det finns ett universum med människor och djur är även det ett begrepp. Det finns cirka 8,4 miljoner arter här och det tar 35 miljoner år att bli människa bland dessa arter. Så efter att ha blivit en människa är de flesta ändå inte människor. De är bara djur. De har på något sätt kopplat från sina svansar [skrattar]. Istället för att gå horisontellt har de lärt sig att gå vertikalt som gorillor som också försöker stå upp.

Den mest värdefulla inkarnationen är den som människa för här vet du att du har vissa tvivel och du kan fråga "vem är jag?". En gris eller en åsna kan inte ställa den frågan. De förs istället bort till slakteriet. Nu har vi en möjlighet att slippa föras till slakthuset. Slakthus betyder död. Alla som har fötts måste möta en slaktare – guden Yama eller döden. Ingen som inte upptäckt vem hen är kommer att slippa undan.

Atma-vichara ger oss en möjlighet att veta vilka vi är. De andra arterna, eller ens de sex miljarder människorna, kommer inte att känna till vilka de är. Det finns knappt sextio stycken som vet. Nu finns här under ett och samma tak människor från många länder. Några tusen människor har kommit hit. Varför så få bland sex miljarder? Om du undersöker det har inte ens en procent från varje land, sedan landets begynnelse, kommit underfund med vem hen ursprungligen är. Om vi ska ge ett exempel på en upplyst person måste vi gå till historien. För 2600 år levde en – Gautama – som blev Buddha.

Nu för första gången har den här satsangen i Lucknow gjort självförverkligande mycket enkelt. Ni behöver inte gå till grottorna i Himalaya, meditera, upprepa mantran, göra pilgrimsresor eller inrätta välgörenhetsorganisationer. Ni behöver endast spendera en sekund av ert liv. Bara en sekund och jag garanterar att ni är fria i den sekunden, på själva den här dagen. Varför skjuta upp det?

Detta är första gången i historien. I antiken lämnade kungarna sina kungariken och reste bort för bot och bättring. Efter botgöringen dök menakas upp i skepnad av vackra kvinnor, och där slutade deras bot och bättring.

Det finns många menakas. Det är inga problem att bo tillsammans med menakas. Upplysning har att göra med ditt eget själv, inte med fysisk närhet. Om en kvinna kommer, bo med henne. Det är inga problem. Och även när du lever med menakas är du oberörd. Krishna hade tusentals flickvänner och ingen kvinna kunde komma åt honom. Han visste hur man skulle hålla sig ifrån allt och alla, hur man är oberörd.

Det finns en festival där kvinnorna fastar hela dagen och hela natten, och när stjärnorna framträder går de till gudinnan och ber, för bara då kan de dricka vatten. Men den här morgonen var floden översvämmad och ingen färja kunde ta dem till andra sidan. Då kom Krishna och frågade: "Vad väntar ni på?" De svarade: "Ikväll är *anand shakravati*-festivalen där vi fastar, och vi kan inte dricka vattnet, och det kommer ingen färja. Så vi väntar." Han säger: "Gå och säg till Yamuna: O, Yamuna, om denna Krishna aldrig någonsin har rört någon kvinna, så visa oss vägen. Alla började skratta. Den här mannen kelar med oss, leker med oss och så säger han att han inte har berört oss. De äldsta säger att han är en lögnare. Men låt oss bevisa hans lögn framför honom. Så de sa skämtsamt till Yamuna: "Om den här mannen aldrig har rört någon kvinna, snälla visa oss vägen." Och Yamuna gav med sig och visade dem vägen. Vad var det här? Vad var den här magin?

Du kan fortfarande vara oberörd. Inget har någonsin berört dig. Även din kropp har aldrig berörts. Ditt sinne och intellekt kan inte komma åt det. Du vet inte var denna diamant är. Någon, en sällsynt person, kan berätta om denna hemlighet just nu. Annars kommer du att förledas av lärare som kommer att be dig att göra *sadhanas* och meditera på vissa sätt och utföra *yoga* och *mahayoga* och mer därtill. Men ingen har någonsin uppnått det eftersom det redan finns här. Varför öva för det när det redan finns här? Det är helt enkelt ett slöseri med tid.

Här slösar du ingen tid.

Det är absolut min erfarenhet. Jag slösar ingen tid.

SRI H.W.L. POONJA: Bara en sekund av ditt liv måste du offra. Denna sekund hör inte till tiden. I våra böcker kallas det ögonblickligt – *ksha-nam*. Det är lika med 4500 delar av en minut. Jag kallar det "en sekund" eftersom den engelska översättningen inte existerar. Såhär mycket tid, 4500 delar av en minut, kan du mycket väl ha råd med att spendera på dig själv och vara fri från allt lidande, alla bekymmer, alla födslar och all död.

Det här behöver du inte öva. Bara inse vad det är jag talar om. Öva inte. Bara lyssna till det jag säger. Om du inte känner igen det jag säger kommer du till mig och frågar inför alla: "Jag förstod inte. Jag gjorde som du sa men jag förstod det inte." Snälla kom framför mig bevisa för mig att det jag säger inte är sant.

Jag kommer definitivt att ta min chans. Denna möjlighet kommer jag att ta!

SRI H.W.L. POONJA: Varför tar du chanser? Du kommer inte att missa någon chans eftersom det inte finns något att göra. Inget att göra. Du säger att du ska ta din chans men det är inte det jag menar. Ögonblicket jag talar om är varken före eller efter. I detta ögonblick säger du: "Jag tar min chans." Detta behöver flera ögonblick. Tala i ögonblicket och jag ska lyssna på det du säger. Den tiden är så liten att inte ens ett halvt ord kan komma ur det. Därför kommer det att tysta dig, och när du är tyst betyder det att du har uppnått något som ingen någonsin har uppnått.

Alla har råd att spendera den ynka tiden. Låt oss inte missa den här mänskliga inkarnationen där vi inte behöver resa någonstans, där inga försakelser behövs. Vi har helt enkelt mycket roligt här. Vi har musik, vi sjunger och dansar sida vid sida. Resultatet blir det bästa.

Jag har inte sett några resultat komma av att meditera och vistas i grottor, på samma sätt som vargar och tigrar, och jag har varit på Himalayas höga höjder. En gång gick jag till Vishnuprayag som de fem Pandava-bröderna gjorde. De gick till himlen till fots. Jag hörde talas om deras vandring, så jag ville göra likadant. Så jag började gå. På vägen mötte jag en man från Bengalen som gjorde botgöring. Det var väldigt kallt, så jag frågade om jag kunde tillbringa natten hos honom. Han sa ja. Han höll precis på att laga mat. Det var en mycket liten grotta, kanske sex gånger sex meter. Han sa: "Jag sover i köket och du kan sova här." Där var en stenbänk täckt med asiatiska tyger och kudden var också av asiatiskt tyg. Kuddens stoppning var av sand.

Denna man levde i en stor försakelse. Jag sa till mig själv: "Jag vill inte ha kudden eftersom det inte är bekvämt. Jag kan sova utan denna sandkudde." När jag tog bort den hittade jag en bok som handlade om sex. Den här mannen hade lämnat sitt land för botgöring, men egentligen studerade han pornografi. Detta blir resultatet av att gå till grottorna. Om man ska studera sex och bo på en sådan kall plats, varför inte stanna här istället? Varför ha en kvinna i ditt huvud? Varför inte ha henne under din arm? Så jag såg inte försakelse som en väg.

Denna resa var väldigt lång. Jag fortsatte med att försöka hitta platsen dit Yudhishthira hade gått med sina fyra bröder och deras fru Draupadi. De gick över en glaciär och det var snö överallt. En halkade och ropade: "Jag halkar," men Yudhishthira tittade inte tillbaka. Även den andra och den tredje brodern, Arjuna och Draupadi, halkade. Ingen, ingen kan hjälpa någon på glaciären. Yudhishthira var den enda som kom till himlen i sin kropp. De säger att han gick med en hund, och hundar är inte tillåtna i himlen. Så jag antar att den här hunden betyder *dharma*. *Dharma* följer dig vart du än går om du är kysk och ren. Yudhishthira ljög aldrig under hela sitt liv. Därför följde *dharma* honom som en hund. Och han är den enda som har gått in i himlen i sin kropp. Därför hade jag samma syfte och ville gå dit.

Det var väldigt kallt, snö överallt. Jag såg en plats och en person som såg ut precis som Shiva, med ett björnskinn på sin nakna kropp och en mycket vacker kvinna bredvid sig. Så jag gick dit och hon bjöd in mig för att äta tillsammans med dem.

Det fanns ingenting runtom, och på marken låg snö. Hon gav mig ett björnskinn att sitta på och gjorde *paisam* [en ceremoniell festmåltid] åt mig. Jag såg på när hon tillagade maten. Det jag åt smakade precis som honung blandat med lokala spannmål. Det var så gott. Jag kan fortfarande njuta av smaken många år efter att detta hände. Det fastnade på mina fingrar. Det såg jag.

Sedan gav jag upp min resa för jag tänkte: "Det här räcker. Jag behöver inte gå till himlen när jag har haft *darshan* från Herren Shiva och Parvati." Så jag nöjde mig och mottog välsignelsen och återvände. Jag tror att gudarna måste ha varit väldigt nöjda med mig. Och jag gjorde aldrig någon botgöring. Andra botgör sig och upprepar: "Om namah Shivaya, Om namah Shivaya," under hela sina liv och kan inte ens drömma om Shiva. Jag möter många *bhaktas* och människor från krishnarörelsen och jag frågar dem: "Har du sett Krishna i din dröm?", eftersom jag har träffat självaste Bhaktivedanta. De säger: "Nej, för oss finns det ingen annan Krishna utom stenstatyn Krishna." Detta är de läror som getts till dessa människor, och de går inte bortom dem. Det som kan ses av ögat är inte sanningen. Det är något annat.

Nyligen var jag i Brindavan och träffade en ung man från Ryssland. Han kom fram till mig och frågade: "Känner du Radha? Kan du visa mig henne?" Jag sa: "Ja, det kan jag!" Han ville se Radha och hade kommit till Indien, till ISKCON-högkvarteret för att se om hon fanns där. De visade honom en stenstaty och berättade för honom att det var Radha. Han var inte nöjd med en Radha i sten. Efter det sändes han till mig. Jag bjöd in honom på middag och han ställde många frågor, såsom: "Vilken relation har du till Radha?" Jag svarade: "Hon är min fru." "Jag har aldrig hört någon tala så," sa han. "Ja gå du och fråga henne!" Då fick han se henne, och kunde tala till henne direkt. Och han återvände till Moskva där han nu dansar på gatorna och berättar för alla att de ska resa till Brindavan och träffa mannen som kan visa Radha i sin mänskliga form. Allt beror på människans renhet.

Många av dina anhängare är så kallade Osho sannyasins. Två av dem berättade för mig häromdagen att Osho har gått in i din kropp och talar genom dig [Skratt]. Finns det någon koppling mellan mannen från Poona och dig?

SRI H.W.L. POONJA: Många säger att Osho talar genom mig. Jag ska berätta för dig hur det kan vara så. Oshos kropp dog, kremerades, och nu förvaras askan i *samadhin.* Men hans uppdrag uppfylldes aldrig eftersom han dog ung, på grund av några problem som han hade fått under sin vistelse i Amerika. När hans själ gick bort väntade den på att uppfylla sina mål och hitta en lämplig person att uppfylla sina uppdrag. Därför talar folk om detta.

I många andra fall är det också ett faktum att själen svävar i luften för att hitta en lämplig livmoder, och bli född av en perfekt person, så att den kan uppfylla sitt uppdrag. Som i fallet med den heliga Gyaneshwar som skrev på forntida marathi. Forntida marathi kan inte förstås längre.

Det fanns ett helgon, Eknath, som drömde att han gick till Alandi. Där står ett bodhiträd på Gyaneshwars *samadhi,* som dog vid 21 års ålder. Han fick höra: "Människor förstår inte mina läror nu, så du får förklara på det lokala marathi som de flesta använder, så att de förstår det jag undervisar." Nu forskas det på Gyaneshwar, och en grupp professorer – Karnik, Kolkarni, Patel och Dandekar – kom till mig när jag arbetade i gruvbolaget i Goa. De hade hört att jag kunde tala om innebörden av vad Gyaneshwar menade när han dök upp i Eknaths dröm och sa: "Trädets rot har gått in i min nacke." Eknath skrev om det men kunde inte förklara vad roten är. Det forskarna nu säger är att Gyaneshwar var en sådan *yogi* att han kunde flyga och vistas på många ställen samtidigt. Varför kan han då inte ta bort trädets rot? Ingen kunde förklara det. Så de kom till mig, utan att veta att jag inte talade marathi och ställde denna fråga. Jag svarade: Det han ville förmedla har inte förståtts. Sluta därför med den gamla marathin och tala till massorna på det språk alla kan förstå. Det är det som menas med att "hugga vid roten". Alla var överens. De ställde även många andra frågor.

Det här händer när jag talar, det kommer av sig själv. Jag känner inte till sanskrit, jag har inte studerat det, jag känner inte ens till hindi helt och fullt, men jag kan förklara *gitas* eller *upanishadernas* innebörd på ett sätt som jag inte hört från någon annan. Ingen kan kommentera som jag kan kommentera. Så detta är något som kommer från den andra sidan. Det använder sig av en person som kan tala på ett enkelt sätt, på ett gemensamt språk som alla kan förstå. Alla människor som är här i *satsang* är främst engelsktalande personer, så de förstår vad det är jag säger. Så vilken själ som helst kan utnyttja vilken person som helst.

Buddha talade till exempel pali. Nu är pali föråldrat. Därför är böckerna, *sutrorna*, speciellt *nirvana sutra* som jag studerade, på franska. Ursprungligen var de på pali. Men vem skulle läsa det på pali? Därför har böckerna översatts till många språk som vi alla kan förstå.

Men att bara läsa böcker är inte tillräckligt. Försök att hitta en person, om det är möjligt, som fortfarande befinner sig i sin fysiska form och som kan klargöra dina tvivel. Alla tvivlar. Varför inte hitta en person som kan rensa ut dina tvivel och vara nära den mannen när han är tillgänglig?

Men de flesta lärare är bara predikanter som predikar vissa dogmer. De har ingen undervisning alls, bara predikningar. Detta predikande hörs mest i väst och folket följer dessa predikanter inom *yoga* och annat. Indiska lärare har vuxit upp som svampar ur jorden i västvärlden bara för att tjäna pengar. De är affärsmän som inte vet vad de ska lära ut. Jag har träffat några indier i Schweiz som hade ett *ashram*. Kanske känner du till läraren i Frauenfeld och hans stora, imponerande komplex. Jag hade en träff med honom där. Men tyvärr vet ingen vad det är man ska undervisa.

Alla dessa lärare är predikanter. Ingen av dem är en *satguru*. *Satgurun* har ingen undervisning att ge dig. Han föreskriver inte någon metod. Han avslöjar sig direkt, i dig själv.

Var ska du gå när du lämnar din kropp? Kommer du någonsin att komma tillbaka till jorden?

SRI H.W.L. POONJA: Om jag kommer tillbaka måste jag gå, och om jag går måste jag komma tillbaka. Därför är sanningen att jag varken kommer eller går. [Skratt] Detta är sanningen. Vem går? Vem kommer? Du talar om kroppen, inte om dig själv. Självet kommer inte och går inte. Varför ska det gå någonstans? Vad ska hen göra här eller där? Hen är inte en affärsman! [Skratt] Allt innesluts i självet. Varför ska du gå någonstans? Kungen har ingen önskan om att köpa ett särskilt hus eller våning eftersom hela riket tillhör honom. Kungen har ingen önskan om att köpa någon egendom eftersom allt tillhör honom. Så när du blir kung kommer du inte att vilja gå någonstans. Bara klappa dina händer och allt blir uppfyllt.

Har Papaji ett ego?

SRI H.W.L. POONJA: Ja, det har jag! [Skratt] Jag har ett ego. Hen tycker om att hjälpa mig som ett hembiträde. Utan ett hembiträde kan huset inte skötas. Hen är mycket hjälpsam och tar hand om uppkomna situationer utan att ens berätta det för mig. Jag har inget att anmärka på gentemot egot. Låt hen bo i mitt hus, jag har inga problem med det. Jag finner ingen fiendskap mellan hen och mig. Hen är mycket glad.

Vissa människor är förvånade över att jag äter glass och dricker coca-cola [skratt] eftersom ingen *swami* förväntas göra det. Men glass har inget med upplysning att göra och upplysning påverkas inte av glass. Glassen går från tungan till magen och min upplysning ogillar inte glass, så när glass kommer äter jag den. Jag har inga problem med det eftersom jag inte har några restriktioner. Till skillnad från många *swamis* finns det inget som jag borde göra eller inte borde göra. Jag hör inte till dem som säger: "Du borde inte göra det här eller det där."

Gör vad du vill och lev ett normalt liv, utan att försöka bli annorlunda och avskilja dig från samhället. Att bära en *malas* [en rosenkrans] och färga sina kläder har inget med Det att göra. Det spelar ingen roll om du bär vitt eller svart eller orange eller hur du beter dig. Dessa saker tillhör religioner. Religioner dikterar vad man ska göra och inte ska göra: Om man går till kyrkan kommer man till himlen och om man inte går dit kommer man efter döden till helvetet.

Jag säger inte att du ska göra någonting efter döden, jag ber dig bara att använda tiden före döden för att leva och agera som du vill, men på ett sätt som inte berör dig. Inget kan komma i konflikt med din förståelse. Så jag föreskriver inte att man bär en viss typ av kläder eller att man ska bete sig på ett visst sätt.

Hur kommer det sig att så många sökare kommer hit till Lucknow och upplever detta tillstånd här med dig, för att sedan se det försvinna när de återvänder till sina hemländer?

SRI H.W.L. POONJA: Eftersom de tror att de fick något nytt i Lucknow som de inte hade förut, därför är de bundna att förlora det.

Vad jag säger är att de inte kan uppnå någonting eller förlora någonting, bara förstå att ni redan är fria och upplysta. Om ni redan är upplysta i Moskva, i Washington eller i Lucknow, hur kan ni då förlora det?

Det jag talar om är: Försök inte att uppnå något. Gör er istället av med allt ni hittills åstadkommit. Lämna allt som ni har läst och hört talas om. Det som förblir kommer att avslöja sig som ert eget själv, och när ni vet det kan ni inte förlora det.

Så allt som erhålls kommer att förloras, och det du inte har erhållit kan du heller inte förlora. Om dina fickor är tomma i Lucknow kommer de att vara tomma i New York. Och det du har kommer du att förlora. När du köper ett paket cigaretter har pengarna du spenderat försvunnit. Du har rökt upp dem. Håll alltid dina fickor tomma. Allt kommer med tomma händer. Om du håller fast vid något har du inte förmågan att ta emot mer. Töm din hand, håll den alltid tom. Det är det tomma sinnet som är universums kejsare. Tomt sinne och tom hand betyder att inte hysa tankar, och en som är utan tankar är kungarikets kung.

Försök! Töm ditt sinne på allt och känn dig själv. Detta kallas frid, även upplysning, och frihet. Håll inte fast vid något i ditt sinne. [Lång tystnad]

Här säger man ofta: "Du är inte kroppen." För en tid sedan intervjuade jag en lärare i kvinnlig andlighet. Hon talade om förkroppsligande, vilket innebär att man ser livet som heligt och att det finns en befrielse i att vara helt närvarande i kroppen.

SRI H.W.L. POONJA: Kvinnan som du talar om, en lärare, är bara en kvinna, inte en man. Det är ingen skillnad på kvinna och ego. [Skratt]

Verkligen! [Stort skratt]

SRI H.W.L. POONJA: Både ego och kvinna är feminina. Fröken Kvinna och Fröken Ego tillhör samma kast. Det är mannen som kommer att bli fri. Bli inte avskräckta, jag ska förklara för er. [Skratt]
Det är mannen som har skapat kvinnan för sitt eget ändamål. Därför säger jag: "Det måste vara en man". I Upanishaderna och andra heliga *sutror* står det: "Jag är *purusha*." Det betyder, "jag är manlig". Ingenstans står det: "Jag är *istri*, jag är kvinna."
Purusha finns inom dig och inte i kroppen, oavsett om det är en manlig eller kvinnlig kropp. *Purusha* finns i allas hjärtan. *Purusha* är lika lång som en tumlängd och vistas i ditt eget hjärta där det glöder konstant. När du koncentrerar dig på Det ser du att du är *purushan*, och varken man eller kvinna. Jag vet inte om läraren du intervjuade har gått så långt, då skulle hon inte ha kallat sig för kvinna.
Fastän alla är *purusha* identifierar de sig inte med den utan identifierar sig utifrån egenintresse med sin kropp och sedan dör de. Ingen har hört talas om den här eviga *purushan* som varken kommer eller går, som varken föds eller dör.
Såhär säger jag: Jag varken kommer eller går. Det är detta som är *purusha*. Om du smälter samman med Det och själv blir *purusha*, då kommer talet att uppstå ur talets urkälla och inte från tungan. Tungor kan tala men varifrån kommer styrkan som möjliggör talet? Det kommer från fontänen som kallas *purusha – aham purusha*. Det är denna *purusha* jag menar.

För flera år sedan blev en dzogchen-mästare min första lärare. Hans lära har med självets befrielse att göra, vilket innebär att individens ursprungliga tillstånd är en spontant genererad mandala där ingenting egentligen saknas; där finns ingenting att avfärda och inget som behöver renas. Denna perfektion innebär att det så kallade objektiva inte är något annat än energins uppkomst i det ursprungliga tillståndet hos individen, mig själv. Och detsamma hör jag dig säga.
Han säger också, liksom du, att det verkligt sanna tillståndet är att vara oberörd av tankarna. Dzogchenpo har inga problem med tankar i sig, så länge man inte är knuten till dem. Man kan likna det

vid en spegel där allt återspeglas men där spegeln själv förblir oberörd.

SRI H.W.L. POONJA: Jag håller helt med detta. För att rena sinnet behöver man ett sinne som är orent. Man kan inte återspeglas i en spegel full av damm. Men var kan dammet fastna om det inte finns någon spegel? Var kan tankarnas damm fastna om det inte finns något sinne? Många lärare i världen ber människor att rena sina sinnen, men jag säger att sinnet inte existerar. Man behöver inte rena sinnet eftersom det inte finns något sinne. I själva verket är sinnet en funktion som man behöver för objekt. Sinne betyder det förflutna. Tanken tänks och den måste ha sitt ursprung ur det förflutna. När man iakttar sinnet i nuet, i detta ögonblick, då finns det inget sinne. Detta icke-sinne kallas frihet.

På biograferna projiceras bilder på en bioduk. Några bilder är romantiska och vissa är dramatiska, som när en person attackeras av rånare. När filmen är slut har floden inte gjort duken blöt, den har heller inte lukten av romantik eller hål från något skott. Duken är helt ren.

Det är projiceringen av dina önskningar som lägger sig på sinnet, och du identifierar dig själv med dessa bilder. Men du måste identifiera dig med duken som var likadan innan filmen började och som förblir likadan när filmen är slut.

Den här manifestationen är en projektion på duken, och projektionen är sinnet. Men om du förstår: "Jag är duken, inte projektionen", kommer projektioner att komma och de kommer att upplösas; du vet: "Jag är duken, jag kommer inte att förändras överhuvudtaget."

Så du måste identifiera dig själv med den obefläckade, evigt, oföränderliga duken. Då kan du glädja dig åt allt som spelas upp på den. Men om du identifierar dig med något kommer du att minnas det, och du kommer att lida i lidandet, du kommer att njuta i njutningarna, men du kommer att förlora din egen natur av att vara en bioduk.

Alla är rena. Därför säger jag: Inga övningar! Jag berättar för dem om det faktum att ni är bortom allt och att inget damm någonsin har lagt sig. Därför föreskriver jag inte någon metod för att avlägsna dammet eftersom det aldrig fanns något damm som lagt sig. Det tillhör de lärare vars sinnen har dammat igen ... låt dem städa upp sitt damm. [Skratt]

Och nu ska jag ge dig min hemlighet.

[Papaji ser Madhukar i ögonen. Båda är tysta länge.]

Tack så mycket.

SRI H.W.L. POONJA: Tack.

Från mitt rum ser jag
I fjärran
Ett vackert träd,
Fastän det är dött.
På morgonen
Sitter sjutton gamar
På dess grenar.
Under dagen
Finns inte en enda där. Vad kommer att hända i skymningen?

Jag hade sjutton frågor. Jag ser det döda trädet, det är min kropp. På denna kropp sitter sjutton gamar på morgonen. Nu när det är dag kan jag inte se dem. Kommer de att komma tillbaka på kvällen?

SRI H.W.L. POONJA: Gamarna finns alltid där när de känner lukten av en död kropp eftersom de inte äter levande kroppar. Gamarna kommer till döda kroppar för att avsluta dem. Därför har jag nu gett dig min hemlighet så att du inte kommer att dö och att inga gamar kan komma åt dig. *Om shanti!*

ORDLISTA

ADVAITA Läran om det ej-tvåfaldiga. Absolut Enhet. Vedantiska insikter som härleds från vedaskrifterna. Populär i västvärlden som en existentiell filosofi.

ADVAITIN En som lever *Advaita*, som har insett Enheten.

AHAMKARA Ego, eller tillfälligt jag. Ett av den indiska filosofins fem inre organ.

ALANDI By i distriktet Pune, Maharashtra. Platsen för Marathis helgon Jnaneshwars *samadhi*.

ALFA Finstrukturkonstanten *alfa* mäter styrkan hos den elektromagnetiska kraften som binder elektroner till den magnetiska kärnan. Ett tal vars värde är ganska exakt $1/137$.

ANAND SHAKRAVATI Traditionell lokal hinduisk festival där folk fastar under dagen.

ANANDA MAYA KOSHA Ett av kroppens fem skikt, "skikt av lycka".

ANANDA Andlig lycksalighet.

ANHÄNGARE "En som är hängiven". Att vara hängiven innebär att ha en villkorslös kärlek i att tillägna sig någonting eller utlämna sig till en mästare eller gud.

ANTAHKARANAS De fem inre organen inom indisk filosofi (kunskap, sinne, intellekt, minne, ego).

ANTI-GRAVITATIONELLT FÄLT Fält där gravitationen (dragningskraften som utövas av en massa på andra massor, som inte är något annat än böjd rumtid) inaktiverats.

ARJUNA Elev till Krishna vars lära skildras i Bhagavad Gita.

ARTUS Legendarisk hjälte, den ende som kunde dra svärdet *Excalibur* ur stenen vilket gjorde honom till kung; "Riddare av Runda bordet" med band till Merlin, Avalon och den heliga graal.

ARUNACHALA Heligt berg i Tamil Nadu, södra Indien där Sri Ramana Maharshi tillbringade större delen av sitt liv. (A-runa-chala = Berg som klipper av träldomens band).

ASANA (Skr.) "Säte". Utövande av *Hatha Yoga*, den tredje etappen i Patanjalis *Yoga Sutra*.

ASHRAM En plats där människor som söker sanning, gud och självförverkligande, bor tillsammans. En plats för meditation och tystnad och som ofta etableras kring en mästare.

ASKES Fysiska och mentala övningar; strikt sparsam livsstil med målet att förverkliga moraliska och religiösa ideal.

ASURA I de vediska texterna betyder detta ursprungligen "att vara full av livskraft". Avser en grupp gudar och senare även demoner.

ATMA VICHARA Själviakttagelse, självgranskning, självobservation, självbegrundan, introspektion. Det grundläggande inom *Advaita* och *Jnana Yoga* inkluderar inte bara kapitulation utan även analys av självet baserat på frågan "Vem är jag?" (*Nan Yar*).

AUROBINDO, SRI Indisk filosof och *guru*. Pondicherry, Indien, 1872–1950.

AVATAR "En som går ner". En gudomlig inkarnation.

BALSEKAR, RAMESH Elev till Nisargadatta Maharaj. "I den fenomenella världen finns ingen mer högtstående för mig än Ramana Maharshi".

BHAGAVAD GITA En del av Mahabharata (viktig indisk religiös berättelse, mytologiskt epos) där Krishna undervisar sin älskade Arjuna.

BHAGAVAN "En som har fullständig lycka"; *guru* eller gud.

BHAGAVATAM Berättelserna om Krishnas liv och läror.

BHAKTI VEDANTA Benämning på äkta samhörighet med Krishna; uppenbarelser.

BHAKTI Att kapitulera inför självet. Kärlek till självet, gud eller en mästare.

BIDIS Handrullade indiska cigaretter.

BODHITRÄD Heligt fikonträd. Siddhartha Gautama satt under ett sådant träd när han insåg sitt högsta varande och blev Buddha.

BONOBO Dvärgschimpans; primat ur gruppen människoliknande apor.

BRAHMAN Den högsta kasten i den vediska samhällsgruppen. En som har studerat *vedanta* och som har kapaciteten att leda samhället.

BRINDAVAN (ÄVEN VRINDAVAN) Ort i norra Indien där Krishna växte upp.

BRIZENDINE, LOUANN Professor i klinisk psykiatri, med. dr., har studerat neurobiologi och medicin. Grundare av "UCSF Women's Mood and Hormone Clinic" i San Francisco.

BUDDHA "Den uppvaknade", "intellektuell". Före detta Siddhartha

Gautama. Levde mellan 563–483 f.Kr. i det som nu är Nepal och Indien. Undervisade *dharma* och grundade buddhismen.

BUDDHI Intellekt, ett av de fem inre organen inom indisk filosofi.

BUDDHISM Äldre religion och kunskaper som går tillbaka till Siddhartha Gautama, den berömde Buddha.

BÖN Var den dominerande religionen i åttonde århundradets Tibet när buddhismen började få inflytande. För sina anhängare betecknar bön: sanning, verklighet, sanna läror.

CHAKRAN Subtila energicentra i människokroppen.

CHENNAM (KSHANA) I klassisk indisk filosofi kallas längden för ett observationsögonblick för *kshana* (1/4500 av en minut eller 0,0133 sekunder).

CHENPO Läran om perfektion. Vägen till självets frigörelse inom tibetansk buddhism.

CHITTA Minne. Ett av de fem inre organen i indisk filosofi.

CUMULONIMBUS Åskmoln.

DAO (Kines.) "Vägen". Verklighetens grundläggande natur, den högsta verkligheten, immanent och transcendental. Förmedlare är bl.a. Lao Zi (med sin berömda bok Dao De Jing) och Zhuang Zi. Tillsammans med konfucianismen och buddhismen är daoismen den tredje pelaren i kinesisk filosofi och religion.

DARSHAN (Skr.) "Skåda", "att se". Den intensiva blicken från ett helgon eller en vis person. Att vara i dennes närvaro.

DEN STORA SMÄLLEN Symboliserar universums och därmed materiens, rummets och tidens början.

DET Det obeskrivliga som är bortom all kunskap. Självet, varandet, medvetandet.

DHARMA (Skr.) "Själens harmoni". Buddhas läror. Även människors eller sakers inneboende syfte. Gudomlig lag. Inom hinduismen även en uppförandekod. Ett etiskt rent sätt att leva.

DRAUPADI Hustrun till de fem Pandava-bröderna ur eposet Mahabharata.

DZOGCHEN (Tib.) "Stor perfektion". Hänvisar till läror inom tibetansk buddhism och bön som anses vara Buddhas essentiella läror.

ECKHART, MÄSTER Eckhart von Hochheim. En av de viktigaste teologerna. Mystiker och filosof från den kristna medeltiden, ca.1260-1328. "Det är i Enheten man finner gud och därför måste de som vill finna gud själva bli den Enda".

EINSTEIN, ALBERT Schwabiskjudisk nobelpristagare i fysik. 1879-1955.

EKNATH Indiskt helgon från Maharashtra, 1533–1599. Ny version av Jnaneshwari.

EPIKUROS Grekisk filosof, ca.341–270 f.Kr. Försvarare av lustprincipen och vänskapen: "Främling, här är dig gott att vara, här är lusten det högsta goda."

EROS Kärlekens gud inom grekisk mytologi. För Platon, filosofen med kärlek till skönheten, är eros en hjälp på vägen till insikt och står för en kärlek som går bortom vänskap, och som på ett sätt medlar insikter mellan lärare och elev, som ett

pedagogiskt eros; även livslust, ett av de två målen inom Freudiansk psykoanalys.

ETIK (Grek.) "Moralens vetenskap". En av filosofins stora undergrupper som behandlar människans gärningar.

EUDAIMONIA Filosofisk term för ett tillstånd av salighet och andligt välbefinnande. Refererar till läran om karaktärsdygderna grundad av Sokrates.

FANTASMAGORI Magi, bländverk, framtoning.

FJÄRILSDRÖMMEN Den utan tvekan mest kända liknelsen ur Zhuangzi är den så kallade Fjärilsdrömmen: En gång drömde Zhuang Zi att han var en fjäril, sorglös och harmonisk. Han visste ingenting om Zhuang Zi. När han plötsligt vaknade var Zhuang Zi helt och fullt närvarande. Nu är det ovisst om Zhuang Zi blir en fjäril i drömmen, eller om fjärilen i sin dröm blir Zhuang Zi. Om både Zhuang Zi och fjärilen finns, måste det finnas en skillnad mellan dem. Detta kallas tingens omformande.

FREUD, SIGMUND Österrikisk doktor och grundare av psykoanalysen. 1856-1939.

FREYA Germansk fruktbarhetsgudinna, kärlek och kärleksmagi.

GANA PUJA Ritual inom den tibetanska dzogchen.

GAUTAMA Se Buddha.

GAYATRI MANTRA Det mest välkända vediska mantrat. "Om, må den aktningsvärda högsta härligheten upplysa oss så att vi, när vi mediterar på Det, inser den högsta sanningen". I Bhagavad Gita identifierar sig Krishna med detta mystiska mantra.

GITA Se *Bhagavad Gita*.

GOPI Krishnas följeslagare, "vallflickor". Kärleken mellan Krishna och *gopis* representerar den eviga kärleken mellan gud och dennes hängivna.

GURU (Skr.) "En som driver bort mörker"; andlig mästare; "Guru", (Skr.) Koncentration.

HANUMAN "Vindens son", apgud i det hinduiska "gudarnas epos": Ramayana.

HARILAL Ett av Krishnas förnamn. Förnamn till H.W.L. Poonja.

HEDONISM En filosofisk etikgren som ser nöje som den högsta godheten och som en förutsättning för lycka och ett gott liv.

HEIDANEINOMOALAB'RAU Utropsord från Schwaben som uttrycker förvåning och lätt irritation.

HEISENBERG, WERNER Tysk nobelpristagare i fysik (vid 30 års ålder); en av kvantfysikens grundare. 1901-1976.

HEISENBERGS OSÄKERHETSPRINCIP Grundregel för den moderna fysiken och kvantmekaniken som förklarar att en partikels position och rörelsemängd vid mätning varierar enligt kända sannolikhetsfördelningar; en elektron är inte en partikel som finns på en bestämd plats på en bana runt kärnan. Den är snarare alla möjligheters möjlighet som först vid mätning blir den aktuella verkligheten.

HERAKLEITOS Betydelsefull försokratisk grekisk filosof. *Logos* som ordnad världsprincip. Ca.540-480 f.Kr.

HINDI Ett av Indiens 18 inhemska språk.

HJÄRT-SUTRA Mahayanabuddhismens mest berömda texter; "*Sutra*-formen" ("tråden") med den högsta visdomen; ses även som den mest kärnfulla sammanfattningen av den så kallade prajnaparamitalitteraturen, en 600 volymer stor sammanställning av Buddhas läror.

HRIDAYAM (Skr.) "Hjärta", användes av Sri Ramana Maharshi för att beteckna det sanna jaget.

INKARNATION Incarnatio (lat.): "Att bliva kött". Anvisar på det gudomligas inkarnation i människokroppen.

ISTRI Feminin universell energi.

-JI Suffix som läggs till som en hederstitel i ett hinduiskt- eller sanskritnamn för att visa på respekt.

JIVAN MUKTA En människa som uppnår befrielse under sin livstid.

JNANA YOGA Kunskapens *yoga*.

JNANA Kunskap (om självet), insikten om den slutgiltiga sanningen. Har samband med det grekiska begreppet *gnosis*.

JNANESHWAR *Jnani* och poet. Helgon som skrev på marathi. Representant för *bhakti*-traditionen. 1275-1296.

JNANESHWARI Jnaneshwar komponerade *Jnaneshwari* i syfte att förklara Bhagavad Gita.

JNANI Den som Vet, Den Självförverkligade.

KALI Tidens och förvandlingens gudinna, okunnighetens utplånare.

KARMA Har tre olika betydelser:
1. Handlingar
2. Handlingars konsekvenser
3. Öde

KASHYAP En av Buddhas lärjungar.

KATHARSIS (Grek.) "Rening" från andliga konflikter och spänningar.

KONCILIET I NICAEA Rådet hölls i Nicaea 325 e.Kr. i syfte om att lösa en konflikt som hotade att splittra kyrkan. Resultatet blev "Nicene Creed", som innebar att många bibliska stycken manipulerades eller togs bort.

KOSHA "Skikt". Vedaskrifterna beskriver fem skikt som omger vår innersta kärna.

KRISHNA "Den attraktiva". Omtyckt hinduisk gudomlighet. Vishnus åttonde avatar. Förmodas ha levt omkring 3200 f.Kr.

KUNDALINI Latent energi inuti människan som beskrivs i tantriska skrifter och har symbolen i form av en orm; yogier använder tekniker för att väcka denna energi och uppleva upplysning.

KVANTFYSIK Se kvantmekanik.

KVANTMEKANIK En teori inom fysiken som beskriver materiens beteende på atom- och subatomära nivåer. En av de viktigaste pelarna i modern fysik och som ligger till grund för många av dess grenar (atomfysik, kärnfysik, elementär partikelfysik). Utvecklingen under 1920-talet ledde till en revolution i vår förståelse om materiens struktur och dess växelverkan. Med undantag av gravitationen, som den allmänna relativitetsteorin beskriver, har materiens alla kända grundläggande växelverkningar nu beskrivits.

Försök att förena relativitetsteorin och kvantteorin i syfte att skapa en så kallad kvantgravitation har ännu inte lyckats. Termen kommer från det latinska qua'ntum: av en viss storlek.

Niels Bohr (Nobelpristagare i fysik, 1922): "De som inte chockas när de kommer i kontakt med kvantteorin, kan inte ha förstått den."

KVANTSAMMANFLÄTNING En naturföreteelse inom kvantmekaniken där två eller flera sammanflätade partiklar, oberoende avståndet mellan dem, inte längre kan beskrivas som enskilda partiklar med olika tillstånd, utan anses istället utgöra ett enda partikelsystem. Detta innebär att antingen måste partikelns position, eller begreppet om en mikroskopisk verklighet överges.

KVARKAR Elementära beståndsdelar (elementarpartiklar), som t.ex. protoner och neutroner tillverkas av. De har sin egen rotation och anses nu vara materiens grundläggande byggstenar.

LANGOT Höftskynke män använder i Indien.

LAO ZI Kinesisk filosof och religiös ledare, sägs ha levt under det sjätte århundradet f.Kr. Grundare av daoismen.

LOGOS (Grek.) Refererar till det mänskliga resonerandet; dess betydelse sträcker sig från ord, meningar och tal till att förklara beräkningsförhållanden; lärosatser.

MAHARAJ, SRI NISARGADATTA Guru och advaita mästare. 1897-1981, Mumbai, Indien.

MAHARSHI (Skr.) "Den som verkligen ser".

MAHARSHI, SRI RAMANA Sat-Guru, en av vår tids största andliga mästare, bodde i Tiruvannamalai, Indien; vördad över hela världen som "Arunachalas helgon". 1879-1950.

MAHAYANA "Mäktig farkost" (maha - mäktig; yana - farkost). En av buddhismens tre huvudgrenar.

MAHAYOGA En yoga-form med målet att uppnå Enhet med det gudomliga.

MAKAKER Primater som tillhör släktet markattartade apor.

MALA Radband bestående av 108 radbandskulor gjorda av frön, trä, ben eller horn.

MANAS Sinne, ett av de fem inre organen i indisk filosofi.

MANDALA Cirkulär eller fyrkantig bild som kan ses i många kulturer och som representerar gudomliga väsen, eller skapelsecykeln där den symboliserar det Enda Odelbara.

MANITOU Algonkin-indianer använder denna term att beteckna en kraft som finns och flödar i och genom alla varelser och objekt.

MANTRA Heligt eller heliga ord varav det mest kända är OM. Upprepning av mantran är en av de vanligaste formerna av sadhana.

MARATHI Indiskt språk som talas i det som idag är delstaten Maharashtra i västra Indien.

MAYA Vilseledning, dubbelexponering, illusion som får den ende absoluta att visas som flera (världar). Papaji: "Det som är och som samtidigt inte är."

MENAKA (Skr.) "Juvel". Uppenbarelsen av en vacker kvinna.

METAFYSIK Läran om varats ursprungliga orsak som går bortom det som kan upplevas och uppfattas.

METZINGER, THOMAS Neurofilosof som undervisar vid universitetet i Mainz: "Det finns inget själv." (Madhukar: "Det finns inget personligt själv.") Framträdande forskare inom områden som rör medvetandet.

M-TEORIN Teorin för allting; kvantfysik, matematiskt försök att förklara världen.

MULTIVERSUM Idén om att det observerbara universum endast är en del av hela verkligheten ledde till definitionen om ett multiversum, som innehåller många tänkbara universum. Begreppet myntades 1960 som flervärldstolkningen inom kvantfysiken.

NAGARJUNA Indisk mystiker. Anses som den första historiskt betydelsefulla personen inom mahayanabuddhismen.

NETI-NETI "Inte detta, inte det"; en metod inom klassisk advaita där allt som kan namnges eller förstås avvisas: endast oföränderlig verklighet kvarstår.

NEUMANN, JOHN VON (Margittai Neumann János Lajos); Tysk-ungersk matematiker. En av datavetenskapens förfäder. 1903–1957.

NIRVANA Term för det buddhistiska slutmålet: att undkomma och befrias från samsara, lidandets cykler.

NORBU, CHÖGYAL NAMKHAI En av de mest betydelsefulla Dzogchen-mästarna. Professor vid universitetet i Neapel. Född 1938 i Derghe i östra Tibet (se Dzogchen).

OLF (lat.) Olfactus, luktsinne; måttenhet för att utvärdera styrkan hos en doft.

OM NAMAH SHIVAYA Mantrat som Shivas lärjungar sjöng.

OM Urtida kosmiskt ljud, den heliga stavelsen varur all skapelse härstammar.

OSHO Indisk mystiker och filosof, grundare av den nutida sannyasinrörelsen. Även kallad Bhagwan eller Rajnees (Chandra Mohan). 1931–1990.

OXYTOCIN Hormon som spelar en viktig roll i födelseprocessen; påverkar moderns och barnets samspel; frigörs i hjärnan genom kärleksfulla smekningar och könsumgänge. Har en opiumliknande effekt och är även känd som "myshormonet".

PAISAM Högtidlig ceremoni i södra Indien.

PALI Språket Buddha talade och som härstammar från vedaskrifterna. Språket är inte längre i bruk.

PANDAVA-BRÖDERNA Yudhishthira, Bhima, Arjuna, Nakulam och Sahadava: hjältar ur Mahabharata.

PAPAJI Se *Poonja*.

PARMENIDES FRÅN ELEA Grekisk filosof som levde mellan slutet av sjätte och femte århundradet f.Kr. "Det finns bara det enda varat".

PARVATI "Bergens dotter". Indisk gudinna, Shivas hustru.

PATANJALI Indisk upphovsman till *Yoga Sutras* om vars liv ingenting är känt. *Yogan* framställs som den åttafaldiga vägen (Ashtanga Yoga). Det slutgiltiga målet är *samadhi:* total sinnesfrid.

PLATON Grekisk filosof som även var Sokrates student. Utövade en radikal frågeform som ett sätt att skola tanken ("Jag vet att jag ingenting vet!"). Grundade akademien, den

första filosofiskolan i Aten. "Det gudomliga är det sköna, det kloka, det goda ..." Levde mellan 427–347 f.Kr.

POONJA, H.W.L. SRI "Lejonet från Lucknow". *Jivan mukta* och *guru*. Krishna bhakta. Anhängare till Sri Ramana Maharshi. Kallades Papaji (aktningsvärd far) av sina hängivna. Född 1910 i Punjab, nu Pakistan, dog 1997 i Lucknow, Indien. Fick insikt om självet 1944 i sin mästares Ramana Maharshis närvaro. Madhukars *guru*.

PRAJNA Stor omfattande visdom ("transcendental kunskap") som tränger igenom alla föremål och naturföreteelser i hela universum.

PRAJNAPARAMITA Transcendental. Fullständig visdom.

PUJA Religiös ceremoni. Ritual.

PURUSHA Maskulin, människa, mänsklig, person, ursprunglig själ; odödlighetens härskare, världslig metafysisk ande.

RADHA "Den inre glädjens kraftkälla"; Krishnas älskade; förkroppsligad skönhet, symbol för lycksalighet och empati; även "den förgyllda".

RAMANA se *Maharshi, Sri Ramana*.

REINKARNATION Återfödelse i en annan form eller person.

RELATIVITETSTEORIN Utvecklad av Albert Einstein, Schwabisk-judisk nobelprisvinnare i fysik, 1879-1955. Beskriver rymdens, tidens och gravitationens egenskaper.

RETREAT Evenemang som innehåller inslag av seminarium.

173

ENHET

RISHI "Gudsman", upplyst helgon som insett sitt sanna jag genom själviakttagelse.

ROTH, GERHARD Hjärnforskare, professor i beteendefysiologi. Framhåller att det ur neurobiologins synvinkel inte kan finnas någon fri vilja, och inte heller inom naturvetenskapen i allmänhet.

SADDUKÉ Forskare på det skrivna ordet. En judisk grupp med vänskapsband knutna till Rom; den högsta rangen i det högsta rådet under *det andra templets tid*. Ca.150 f.Kr.-70 e.Kr.

SADHANA Andliga övningar med målet att nå upplysning.

SAHAJA SAMADHI Naturligt medvetet varande; *Jnanins* upplysning. *Jnanin*, som bara skenbart tycks upptagen med världsliga saker.

SAMADHI Ramana Maharshi använde denna term för att visa på det tillstånd där man erfar en direkt upplevelse av självet. Även ett minnesmärke för en mästare som lämnat jordelivet.

SAMSARA "Ständig vilseledning". Benämning på varats oföränderliga cykler i att uppstå och förgås; återfödelsecykelns upprepningar. Den djupare betydelsen är däremot: Lidande.

SANGHA Gemenskap, kollektiv, (folk)samling.

SANNYASIN En som avsäger sig världen och enbart strävar efter upplysning.

SANSKRIT Indogermanskt språk som den äldsta indiska litteraturen är skriven på.

SAT-CHIT-ANANDA Existensmedvetande-lycksalighet (enligt Madhukar: Frid).

SATGURU (SADGURU) "Äkta *guru*"; det egna självet manifesterad i en mänsklig skepnad. En som kan överlåta uppvaknandet.

SATSANG "Gemenskap i sanningen". Förbindelse med varat; i någons närvaro som har insikt om självet. Offentlig samling.

SCHRÖDINGER, ERWIN Österrikisk fysiker. En av kvantfysikens förfäder. 1887-1961.

SHAMANISM Religiösa övernaturliga uppenbarelser. Shamaner använder sig av förändrade medvetandetillstånd i syfte att resa med själen och interagera med andar.

SHANKARA Även känd som *Shankaracharya*. Betydelsefull *advaita*-mystiker, omvälvare och filosof, ca.788-820. Den första som kom att sprida *advaita vedantas* läror.

SHIVA (Skr.) "Den gynnsamme". Allomfattande formlöshet. En princip för sällhet. Utplånarens och upplösningens gudom inom den hinduiska treenigheten. Ramana Maharshi använde också detta ord för att namnge självet.

SHUNYATA Central term inom mahayana-buddhismen. Det representerar innehållslöshet, tomrum och även formlöshet.

SIDDHARTA (Skr.) "En som har uppnått sitt slutmål". Se *Buddha*.

SIEGFRIED Namn som förbinder "sieg" (seger) och "frieden" (frid). Drakdödaren, hjälten med de övermänskliga krafterna i sagan *Nibelung*. Xanthens konung i regionen Niederrhein i Tyskland.

SINGER, WOLF Fysiolog. En av Tysklands mest kända neuroforskare. Avvisar idén om en fri vilja.

SITA Hustru till kungen och guden Rama. I det heroiska eposet *Ramayana* räddas hon av Hanuman. Eposet härrör från de forntida traditionerna på Bali, i Kambodja och i Thailand under det första århundradet, vid tillströmningen av indisk kultur.

SJÄLVET (ADVAITA) Oföränderligt, odelat, evigt medvetande som ligger som grund för alla naturföreteelser. Bortom tid och rum. Det eviga. Atman och Brahman förenade (Brahman betyder här Det absoluta eller gudom).

SJÄLVET (NEUROFILOSOFI) Med hjälp av neurofysiologiska experiment förklaras erfarenhetstillstånd (den personliga identiteten, självet) och vice versa. Neurofilosofer är för närvarande inte överens om ifall denna personliga identitet existerar eller inte.

SKANDASHRAM *Ashram* i södra Indien där Ramana Maharshi bodde mellan 1916–1922.

SOKRATES Grekisk filosof som lade grunden för det västerländska tänkandet. "Jag vet att jag ingenting vet". Dömd till döden för att ha vägrat erkänna gudarna och för att ha haft ett skadligt inflytande på ungdomar. 469–399 f.Kr.

SOLOMON (även känd som Salomo) Israels och Judeens tredje kung. Regerade från 965–926 f.Kr.

SPÖKLIK AVSTÅNDSVERKAN Beskrivning som användes av Albert Einstein för sammanflätningen (kvantsammanflätning) av partiklar som därigenom bildar ett enhetssystem oavsett deras avstånd från varandra.

SRI "Den som utlovar lycka, hen som befinner sig under en lyckostjärna". Ofta satt före ett namn som en hederstitel.

STRÄNGAR Till skillnad från standardmodellen för partikelfysik består byggstenarna som utgör världen inom strängteorin av *strängar*. Dessa är vibrerande, endimensionella objekt av hög förtätad materia / energi.

SUBRAMANIA Shivas andra son. Flod i Karnataka, södra Indien.

SUTRA (Skr.) "Tråd". Preciserade visdomsord inom indisk litteratur. Buddhistiska heliga skrifter.

SWAMI "Att tillhöra sig själv"; religiös / andlig lärare. Respektfull titel för äldre munkar.

TAMMUZ & ISHTAR Vegetationsgud och den sumeriska himlens drottning vars årliga återförening lyfte torkans odrägliga tillvaro och fick landet att blomstra; akkadisk och arameisk mytologi.

TANTRA (Skr.) Tan, "utvidgning", även "tygväv, oavbruten följd". Esoteriska hinduiska och buddhistiska kunskapslärdomar baserade på det oskiljaktiga relativa och absoluta. Övningar för att nå upplysning genom visualisering, meditation, *mantran*. I västvärlden är *tantra* ofta begränsat till omvandling av sexuella energier eller som en metod för att erhålla sexuellt fullbordande.

TERESA AV ÁVILA Karmelithelgon; kristen mystiker med stort djupsinne. 1515–1582.

TESTOSTERON Viktigt könshormon (androgen) som finns hos båda könen. En kraftig ökning av testosteron i den åttonde graviditetsveckan får fostret att utvecklas till en mansform.

ENHET

TIRUVANNAMALAI Tempelstad i den sydöstra indiska delstaten Tamil Nadu, vid foten av det heliga berget Arunachala.

TORSO Människokropp utan armar, ben eller huvud.

TUA VIRTUS FIAT PAX (Lat.) Må din fullkomlighet bringa frid.

UNIO MYSTICA Mystisk upplevelse av Enhet inom kristendomen.

UNSUI Zen-munk, (Jap.): "Molnvatten".

UPANISHADERNA Vedaskrifternas avslutande sammanfattning. Dessa utgör en del av *vedanta*-filosofin.

VAJRAYANA "Diamantvägen"; en tantrisk buddhistform där de två praktiska tillvägagångssätten är *mahamudra* ("stor prägel") och *dzogchen* ("fullbordande").

VEDA (Skr.) "Kunskap"; en samling heliga skrifter nedskrivna mellan åren 2000 och 500 f.Kr. (enligt H.W.L. Poonja utformades de för 25 000 år sedan och gick sedan i arv i talform); betraktas som hinduismens mest upphöjda visdomskälla.

VEDANTA Ett av den indiska filosofins viktigaste områden som bokstavligen betyder "kunskapens slutpunkt", "fulländad kunskap". Inom *vedanta* finns det flera inriktningar där *advaita vedanta* är den viktigaste.

VICHARA Analys av självet.

WITTGENSTEIN, LUDWIG
Betydelsefull österrikisk-brittisk filosof under 1900-talet. Föregångare inom filosofins områden för logik, språk och medvetande, 1889-1951.

VIVEKA (Skr.) Förmågan att skilja det verkliga från det overkliga. Granskande, skarpsinnigt intellekt.

WOTAN (ODEN) Germansk gud. Stridens-, visdomens-, magins- och poesins gud i den nordiska mytologin.

VYASA Mytologisk vishetsman. Anses vara vedaskrifternas upphovsman.

YAMAHA Även *Yama*. Hinduernas dödsgud och rättfärdighetens härskare.

YAMUNA Hinduisk gudinna; indisk flod som rinner ut i Ganges i Allahabad.

YOGA Andlig metod i att behärska kroppen och befria sinnet. Målet är Enheten med gud.

YOGI En som utövar *yoga* på en avancerad nivå.

YUDHISHTHIRA En av Pandavabröderna, den överlevande hjälten i Mahabharata.

ZEN En buddhistform som uppstod i Kina i början av 500-talet.

ZHUANG ZI Kinesiska mästaren Zhuang Zi. Daoistisk filosof och författare vars verk *Zhuangzi* uppkallats efter honom. Se *Fjärilsdrömmen*. Ca.365-290 f.Kr.

ÖVERLAGRADE KVANTTILLSTÅND
Kvantfysik. Kvantföremål stannar kvar i ett mångtydigt tillstånd till dess de observeras. Innan denna tidpunkt existerar flera möjliga tillstånd på en och samma gång.